LA LUZ Y LA SOMBRA EN EL DIBUJO

 Parramón

LA LUZ Y LA SOMBRA EN EL DIBUJO

Proyecto y realización de ParramónPaidotribo

Dirección editorial: MarÍa Fernanda Canal
Editor: Tomàs Ubach
Ayudante de edición y archivo iconográfico: Mª Carmen Ramos
Textos: Gabriel Martín Roig
Realización de los ejercicios: Carlant, Almudena Carreño,
                    Mercedes Gaspar, Gabriel Martín,
                    Esther Olivé de Puig, Óscar Sanchís
Edición y redacción final: Roser Pérez, María Fernanda Canal
Diseño de la colección: màrius&laura
Fotografías: Nos & Soto
Maquetación: Nika Hellström (màrius&laura)
Producción: Sagrafic, S.L.

Cuarta edición
© 2013, ParramónPaidotribo.
Les Guixeres. C/ de la Energía, 19-21
08915 Badalona (España).
Tel.: 93 323 33 11 – Fax: 93 453 50 33
http://www.parramon.com
E-mail: parramon@paidotribo.com

ISBN: 978-84-342-2792-7
Impreso en España

SUMARIO

En nuestra vida cotidiana, sin ser conscientes, nos servimos de la información que aportan las sombras, ya que nos permiten conocer la forma de los objetos tridimensionales que nos rodean, definen las superficies, indican el momento del día… La iluminación es una de las cuestiones más importantes en el dibujo. Aprender a dibujar requiere aprender a ver las sombras y a representarlas con toda su lógica inherente. (Nos referimos siempre a las sombras y no a la luz, porque la base del dibujo, el papel, es generalmente blanco.)

El sombreado constituye el recurso más utilizado en los manuales de dibujo, así como uno de los que más tiempo suelen ocupar en las etapas de aprendizaje. Esto se debe a que la colocación de las sombras no es arbitraria, sino que está supeditada a unas reglas sistemáticas que determinan su posición, forma, extensión y densidad.

El control técnico de la distribución de las luces y las sombras constituye un factor esencial y definitivo que es necesario aprender si queremos dar mayor verosimilitud a la representación. Las sombras sirven para matizar la luz, crear efectos dramáticos e imprimir un determinado ambiente emocional a la obra, son la clave emotiva del dibujo y permiten darle un mayor tratamiento pictórico.

Por supuesto, se puede optar por dibujar exclusivamente con líneas y prescindir de cualquier aportación de sombreado, pero es precisamente con la intervención de los claros y los oscuros cuando el dibujo se acerca más al modelo original. Cuanta más información tonal recoja la representación, más realista será.

En este manual veremos algunos métodos para racionalizar el sombreado de los dibujos y sacar el máximo partido a su representación. Estudiaremos cómo se dibujan las sombras, sus recursos y métodos más habituales, su relación correcta con la luz, cómo representar los volúmenes con las técnicas básicas de claroscuro para lograr, el efecto de volumetría y profundidad deseado en nuestro trabajo. Para facilitar el aprendizaje, unos ejercicios seleccionados invitan a poner en práctica, un extenso repertorio de técnicas y efectos.

LA SOMBRA COMO ELEMENTO DE CONSTRUCCIÓN. El sombreado afecta por igual a todas las técnicas de dibujo porque es la base de la construcción de las formas, asegura sus estructuras y aporta información sobre la volumetría del objeto. Además, contribuye a afianzar la apariencia física de los cuerpos y su situación en el espacio.

LA SOMBRA COMO ORIGEN DEL ARTE. El arte occidental tiene su origen en la sombra. Sus inicios son la representación de la silueta de las figuras en las cavernas. Con el transcurso de los siglos, el arte deja de ser una "representación de la sombra" para convertirse en un dibujo que utiliza la sombra, entre otros medios de realización y simbolización.

LA SILUETA. A principios de siglo XIX se popularizó dibujar siluetas a partir de un único tono de sombra. Aunque no se hayan utilizado claros, puede distinguirse fácilmente el perfil de la cara.

La incorporación de la sombra en el dibujo ayuda a darle un tratamiento más pictórico.

Silueteado del perfil de una cabeza. La sombra nos permite comprender la forma a través del contraste de tono.

LA SOMBRA PROPIA DE UN OBJETO. Refuerza el concepto objetivo, tangible del objeto y vuelve comprensible el todo y las partes que lo componen. La simple aparición de la sombra sobre cualquier objeto determina la relación ilusoria del mismo con su entorno. Dondequiera que la luz incida en un objeto, se necesitará el sombreado para representar las partes del mismo que se hallan en sombra, y darles una forma sólida.

Si comparamos los dos dibujos, comprobamos que el bodegón en el que interviene el sombreado presenta más solidez y corporeidad que el construido únicamente con líneas.

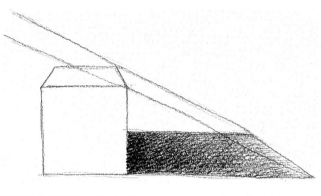

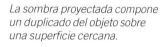

LA SOMBRA PROYECTADA. Proporciona efectos teatrales al dibujo, porque presenta una imagen deformada del objeto, situando al espectador en el terreno de las apariencias imprecisas. Además, contribuye a fijar el modelo en el espacio circundante y situar el origen de la fuente de luz.

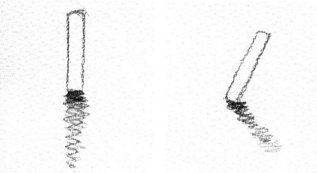

La sombra proyectada compone un duplicado del objeto sobre una superficie cercana.

La extensión e inclinación de la sombra proyectada nos proporciona mucha información sobre la procedencia de la luz y la posición que adapta el objeto con respecto a la misma.

UN TONO HOMOGÉNEO

El primer tratamiento de la sombra debe ser uniforme y homogéneo. Se puede practicar un manchado uniforme efectuando varias pasadas controladas con lápices de carbón compuesto, creta o una mina de grafito. Los sombreados uniformes complementan la información que aportan las líneas y confieren mayor solidez y corporeidad al dibujo.

Las manchas del sombreado aportan corporeidad a la línea. Con unos cuantos grisados uniformes se ha logrado el contraste necesario para reconocer los entrantes y salientes de la fachada.

LA SOMBRA COMO CATEGORÍA DE LO PICTÓRICO. La línea es el rasgo propio y característico del dibujo. La sombra rompe los límites, anula los contornos, niega los perfiles y, entonces, la línea cede su lugar a la mancha tonal, propia de la pintura. Por este motivo, la irrupción de la sombra eleva el dibujo a la categoría de lo pictórico.

BLOQUES DE CONSTRUCCIÓN. La sombra es la ausencia de luz. También se puede definir como "oscuridad comparativa debida a la interrupción de los rayos de luz". Sin embargo, para el pintor las sombras son los bloques de construcción que usa para crear una ilusión convincente con los elementos de su cuadro.

Si sintetizamos el sombreado, el dibujo aparece como una construcción hecha con bloques de tonos distintos.

LA FUERZA DEL CARBONCILLO. El carboncillo es el medio de dibujo más parecido a la pintura. Es un instrumento monocromo capaz de una gran gama de registros, desde grandes zonas de tono oscuro y aterciopelado, hasta trabajos de trazos finos y delicados. También permite sombrear rápidamente con tonos densos y cubrientes. Además, se puede borrar fácilmente con el dedo, un trapo o una goma de borrar.

El carboncillo proporciona negros intensos y un acabado cercano a lo pictórico.

NEGACIÓN DE LOS LÍMITES. La sombra anula los límites de las formas y establece confusiones, por lo que crea cierta sensación de atmósfera y hace que el cuadro cobre vida. Además, el sombreado proporciona profundidad y volumen, y contribuye a que el objeto se integre con el fondo.

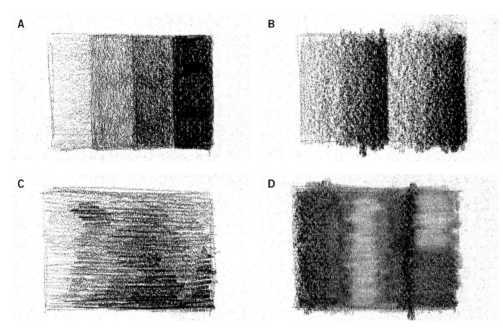

En un dibujo lineal, la sombra desdibuja los límites y provoca imprecisiones. Este tratamiento puede ser muy adecuado para describir la vegetación.

El sombreado puede realizarse de manera tonal (A), degradado (B), plumbeado (C) y esfumado (D). Los dos últimos son los que más desdibujan los límites lineales y modifican el contorno establecido previamente por el trazo.

TRABAJAR CON POCOS VALORES. El procedimiento más sencillo de iniciar un sombreado consiste en trabajar con escasos valores. Con dos o tres tonos se representa la sombra intensa, la sombra de tono medio y las zonas iluminadas. El dibujo esquemático resultante es un buen punto de partida para desarrollar nuevas sombras, detalles o correcciones.

Para dibujar un paisaje, podemos partir de un sombreado en bloque con escasamente tres valores: gris intenso, gris medio y gris claro.

En este boceto elaborado con zonas tonales, los sombreados se han resuelto con pocos valores, variando las tramas de trazos. El tratamiento es muy sintético.

El efecto de la luz

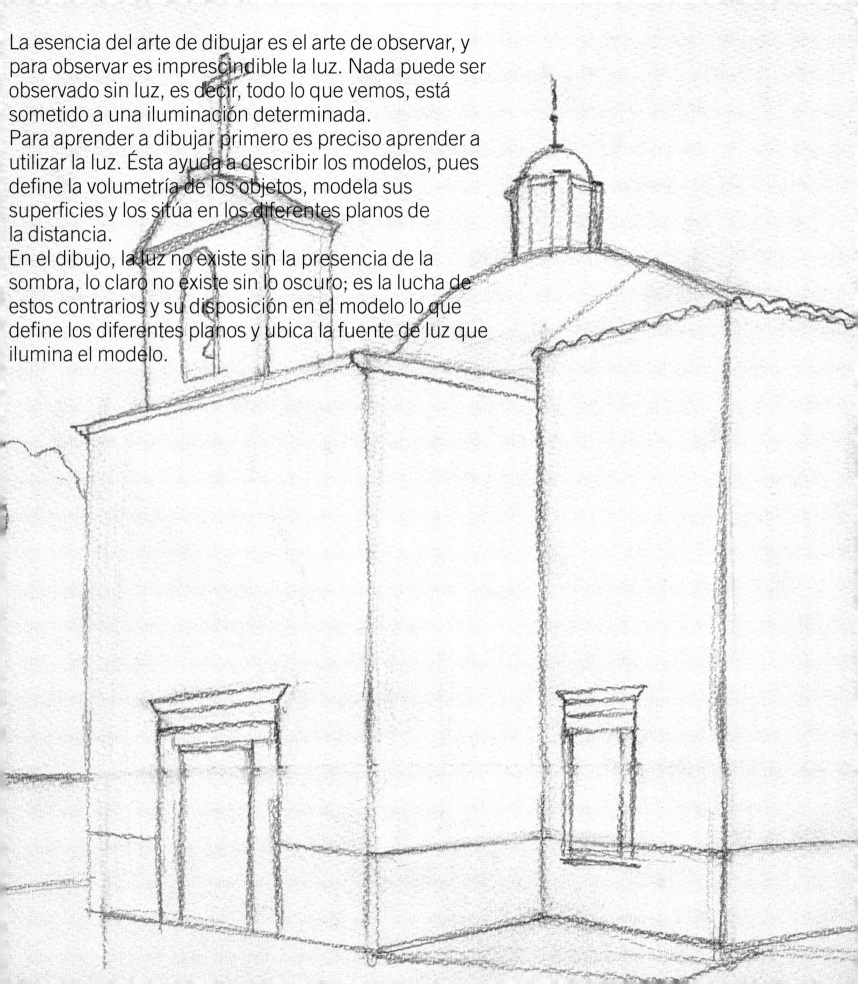

La esencia del arte de dibujar es el arte de observar, y para observar es imprescindible la luz. Nada puede ser observado sin luz, es decir, todo lo que vemos, está sometido a una iluminación determinada.

Para aprender a dibujar primero es preciso aprender a utilizar la luz. Ésta ayuda a describir los modelos, pues define la volumetría de los objetos, modela sus superficies y los sitúa en los diferentes planos de la distancia.

En el dibujo, la luz no existe sin la presencia de la sombra, lo claro no existe sin lo oscuro; es la lucha de estos contrarios y su disposición en el modelo lo que define los diferentes planos y ubica la fuente de luz que ilumina el modelo.

EL CONTRASTE COMO HERRAMIENTA EXPRESIVA. Del mismo modo que se puede dibujar sólo con línea, también es posible hacerlo sólo con manchas. Los dibujos elaborados sólo con áreas de tono y sombreados están llenos de atmósfera y encanto. Estudiando cómo el modelo recibe la luz y registrándolo con manchas tonales, se puede realizar un dibujo abocetado muy convincente.

1.1

ABOCETAR CON UN TONO. Un método excelente para aprender a ver y a dibujar las sombras es utilizar un único tono o valor. Le sorprenderá comprobar cuánta capacidad de informar sobre el aspecto del modelo puede tener un único tono.

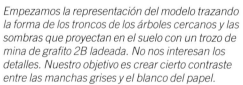

Empezamos la representación del modelo trazando la forma de los troncos de los árboles cercanos y las sombras que proyectan en el suelo con un trozo de mina de grafito 2B ladeada. No nos interesan los detalles. Nuestro objetivo es crear cierto contraste entre las manchas grises y el blanco del papel.

Completamos la zona de sombra del sotobosque y de la parte inferior de la copa de los árboles con nuevas manchas del mismo tono anterior. Por contraste, los claros del papel representan las zonas más iluminadas del modelo.

Para conseguir un tono uniforme en esta primera fase de encajado con sombras, cortamos un trozo de mina de grafito y pintamos con la barra plana.

Con una goma de borrar aclaramos la parte derecha de los troncos, que debe aparecer iluminada.

1.2

CONTRASTE CON DOS TONOS. La incorporación de un segundo tono permite diferenciar las sombras más intensas y los tonos medios del boceto. Un mayor contraste de las sombras con el blanco del papel destaca las zonas de luz.

Dejamos la mina de grafito. Tomamos ahora una mina entera de gradación 4B, que permite grises más intensos. Inclinando mucho la punta de la mina, distribuimos manchas de gris más intenso. Estas manchas deben ser menos abstractas y ajustarse algo más a las formas del modelo.

Sobre los grises anteriores, añadimos un sombreado más oscuro en la parte inferior del papel y en la copa de los árboles. Se distinguen ahora dos intensidades de gris en cada sombra.

Tomamos nuevamente el trozo de grafito 2B y completamos el follaje de los árboles con sombreados claros, preservando los blancos del papel que representan las zonas iluminadas. Dibujado por Gabriel Martín.

Si desea terminar más el dibujo, puede contrastar más las sombras y completar la arboleda representando los árboles del último término.

PAUTA DE VALORES. En un dibujo la pauta de valores es el desglose del motivo en todas sus formas tonales, claros, oscuros y tonos intermedios, e incluye la pauta de luz, que corresponde al blanco del papel, y de sombra, que conseguimos oscureciendo progresivamente el tono del grisado.

2.1

SOMBREADO DE TONO CLARO Y LUZ. Empezamos el dibujo extendiendo un primer sombreado muy suave por toda la zona en sombra del modelo, que será el tono de sombra más claro. En las zonas iluminadas conservamos el blanco del papel.

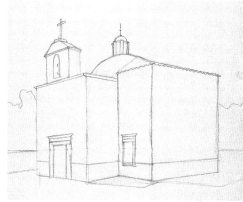

Sobre un esqueleto previo, dibujamos proporcionalmente la ermita, que puede representarse con dos formas cúbicas solapadas. Resuelta la estructura, dibujamos con cuidado las aberturas del edificio y los demás elementos arquitectónicos.

Delimitamos las zonas del muro iluminadas, que preservamos con el blanco del papel. Después, con una mina de grafito HB sombreamos las fachadas de la ermita con trazos suaves en diagonal, siguiendo la dirección de los rayos de luz.

Para dibujar correctamente el edificio, trazamos cinco líneas verticales que representen cada uno de sus lados, teniendo en cuenta que las fachadas principal y lateral son más anchas.

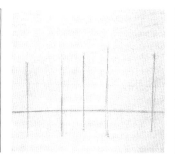

Unimos las líneas verticales con diagonales por su parte inferior y superior, procurando conseguir un efecto de perspectiva creíble.

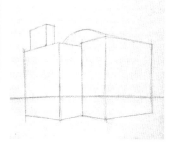

2.2

SOMBREADOS DE TONO MEDIO E INTENSO. Cualquier modelo puede descomponerse en una distribución de formas de distintos valores: claro, oscuro o intermedio. Las sombras son mantos uniformes que contrastan con las adyacentes gracias al cambio de tono. Esta interpretación del modelo facilita mucho el trabajo de dibujarlo.

Con una mina de grafito 4B cubrimos con trazos muy intensos la franja de árboles del último término y las aberturas del edificio. Oscurecemos nuevamente con un grisado las fachadas sombreadas del edificio. En el adoquinado del suelo dejamos el gris suave inicial.

Oscurecemos la franja azulada de la base de los muros para diferenciarla del resto de la fachada. Contrastamos también la sombra proyectada por el edificio para distinguirla del gris del césped.

Cada área de tono debe diferenciarse claramente de las adyacentes para que destaquen el volumen y los elementos arquitectónicos del edificio. Para terminar sombreamos el azul del cielo y dejamos de color blanco las nubes. Dibujado por Gabriel Martín.

El roce de la mano puede ensuciar accidentalmente el papel en zonas donde la intensidad del blanco debe ser máxima. Para evitarlo, hay que ir limpiando esas zonas con la goma de borrar.

Para pintar las nubes basta un único tono, un gris muy suave. Si pintamos las zonas azuladas, el perfil de las nubes aparecerá sintetizado por contraste de tono.

ESTUDIAR EL MODELO CON DISTINTA LUZ.
El sol es la mejor fuente de luz en exteriores, pero tiene un inconveniente: su movimiento constante. Sin embargo, gracias a ese movimiento, ofrece una amplia diversidad de pautas de sombras.

Antes de empezar un dibujo, conviene ver el modelo bajo todas las luces del día y estudiar cómo va cambiando. Esto nos permite familiarizarnos con los efectos de luz y elegir el mejor momento.

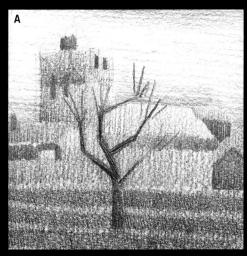

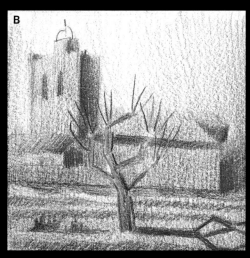

Debido al movimiento del sol, las sombras de un paisaje varían durante el transcurso del día. He aquí dos ejemplos del mismo modelo con el sol en una posición lateral (A) y durante el amanecer (B).

LUZ LATERAL. Cuando la luz incide sobre el modelo lateralmente y desde un punto de vista algo elevado, aparecen agudos contrastes de claros y oscuros que revelan la forma y la textura del motivo, presentando una amplia gama de sombras que definen las zonas que rodean el objeto. Las partes iluminadas de los objetos quedan en el lado del que proviene la luz.

La luz lateral provoca fuertes contrastes y proyecta sombras alargadas hacia el lado opuesto a la fuente de luz.

LUZ CENITAL. Es la que incide completamente vertical sobre las formas. Proyecta sombras muy pequeñas justo bajo los objetos. Las zonas más claras y cálidas del motivo restringen los planos que están en ángulo recto con la luz.

La luz cenital proyecta sombras muy pequeñas justo debajo de los objetos.

LA FUENTE DE LUZ. Se comprende mejor la luz y las sombras y su comportamiento sobre las formas, examinando los cambios que experimenta un mismo modelo sometido a fuentes de luz de distinto tipo y procedencia.

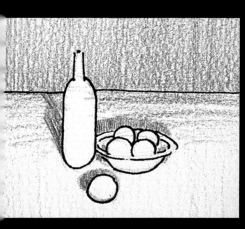

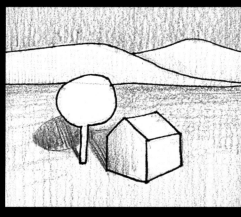

LUZ FRONTAL. La luz frontal llega al modelo desde la posición de observador, por lo cual, el primer plano es el más claro. Cuanto más alejado está el objeto, más se profundizan y enfrían sus tonos. En el modelo predominan los claros sobre las sombras, porque éstas se proyectan detrás de los objetos. La luz frontal brinda al artista la oportunidad de trabajar con una paleta más clara y alta de tono.

Con luz frontal, la sombra proyectada queda oculta detrás de los objetos, no es visible y no existen sombras locales sobre los cuerpos.

EL CONTRALUZ. En el contraluz, el modelo recibe la luz desde su parte posterior y los planos visibles están en sombras. Los elementos de paisaje quedan reducidos a una serie de siluetas. En la escena, el cielo es la zona más brillante y cálida en la composición. El plano de suelo se aclara y su color se vuelve más cálido, conforme se acerca a la fuente de iluminación, en el horizonte.

En el contraluz, el fondo del modelo está iluminado. Los planos visibles permanecen en sombra porque las sombras proyectadas avanzan hacia el espectador.

BODEGÓN CON LUZ NATURAL. La luz natural que penetra por la ventana a primera hora de la mañana es algo difusa y provoca sombras suaves y poco contrastadas. Resulta excelente para desarrollar los degradados con lápiz de grafito, uno de los medios de dibujo que permite modelar los objetos con más delicadeza.

3.1

UN DIBUJO FIRME. El proceso de sombreado se vuelve mucho más sencillo si el dibujo lineal sobre el cual trabajamos presenta perfiles y formas bien solucionadas y un trazado firme y definitorio, ya que así se evitan confusiones y errores que obligan a corregir. Partir de un dibujo firme nos permite centrarnos exclusivamente en el sombreado.

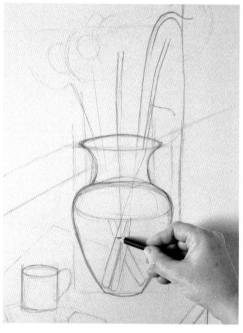

Sobre un encaje previo, perfilamos con trazos más intensos el contorno de la jarra. Su correcta simetría es fundamental, pues sobre la jarra se sustenta toda la composición. Con líneas suaves insinuamos los tallos de las flores.

Resolvemos de manera precisa y clara el otro foco de atención del tema: los girasoles. El tratamiento es completamente lineal y atiende a la forma exacta de cada pétalo, con una interpretación muy naturalista.

Si dibujamos previamente una caja, la dividimos en dos con una recta vertical y desarrollamos en su interior la jarra, nos será fácil guardar su simetría.

El grosor e intensidad del trazo debe variar según se trate de un perfil exterior del objeto, más firme y grueso, o de líneas interiores de las hojas, más desdibujadas, delgadas e imprecisas.

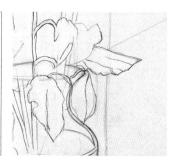

3.2

CONTRASTES ATENUADOS. Sobre un dibujo resuelto únicamente a base de líneas muy certeras, sin descuidar ningún detalle importante del modelo, extendemos el sombreado. En el tratamiento predomina el degradado y el claroscuro atenuado, ya que el modelo está bañado en una luz difusa.

Empezamos por las hojas. Primero decidimos qué zonas dejamos en blanco para representar aquéllas de máxima luz. Después, en las demás desarrollamos degradados con pequeños saltos de tono que contribuyen a describir la superficie doblada y ondulante de las hojas.

El interior de la jarra de cristal se resuelve con manchas tonales uniformes y claramente diferenciadas. Apenas hay contraste entre los grises de la taza y las cajas de la parte inferior. En esta fase conviene alternar el lápiz de grafito 4B con la mina de grafito 6B.

Sombreamos el fondo mediante franjas de gris uniforme con la mina de grafito 6B, sin apenas presionar. Para no desviar la atención del motivo principal, la jarra y los girasoles, el entorno se muestra muy sintético y sin detalles. Dibujado por Almudena Carreño.

Consideramos la corola de las flores como el punto de máxima intensidad del dibujo. Este contraste constituye un importante reclamo focal para el espectador.

Con un lápiz de grafito 6B definimos algunas sombras y perfiles de las hojas para evitar que se peguen entre ellas y se confundan unas con otras.

19

INTERIOR CON LUZ ARTIFICIAL. La luz artificial resulta muy atractiva para dibujar un interior, pues todos los rayos que iluminan la escena parten de un mismo punto. Así, todas las caras de los objetos orientadas hacia la luz aparecen iluminadas.

4.1

FORMAS RECTANGULARES Y ROMBOIDES. Hemos seleccionado un rincón del hogar iluminado por una lamparilla eléctrica y un grupo de objetos, simples y cotidianos. Todos los objetos tienen una forma sencilla que puede resolverse con trazos rectos y encajes de formas rectangulares y romboides. Los dibujamos con trazos lineales antes de empezar a sombrear.

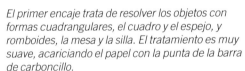

El primer encaje trata de resolver los objetos con formas cuadrangulares, el cuadro y el espejo, y romboides, la mesa y la silla. El tratamiento es muy suave, acariciando el papel con la punta de la barra de carboncillo.

Cuando los trazos suaves sean convincentes, los repasamos con nuevas líneas de mayor intensidad. Intentamos dejar resuelta la forma de cada objeto, pero sin detenernos en detalles ni texturas.

Trabajar el dibujo inicial con un trazo muy tenue permite borrar con suma facilidad y permite rectificar en caso de error.

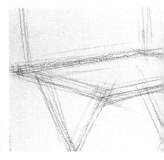

4.2

LUZ Y AMBIENTE. El efecto de sombreado no sólo debe representar la propagación radial de la luz, también la de recrear el ambiente e iluminación que baña los objetos. En este caso, la iluminación es intimista y los contrastes son moderados. Al sombrear la escena, alrededor de la fuente de luz artificial se forma una aureola muy característica y el resto del conjunto aparece más sombrío de lo habitual.

Con el lateral de la barra de carboncillo, sombreamos de forma generalizada. Evitamos cubrir la fuente de luz, el cuadro que actúa como superficie reflectante y el espejo del fondo. Luego difuminamos de inmediato con la mano.

Sobre la base sombreada, cubrimos las paredes y la silla con negros profundos, logrados con tramas de trazos más contundentes. Dejamos un espacio en blanco alrededor de la lámpara, que actuará como aureola de luz.

Con un difumino y nuevos trazos de carboncillo, fundimos las sombras hasta conseguir grises más uniformes. Las pantallas de las lámparas es lo único que conservamos en blanco. Alrededor de las mismas, el blanco se degrada suavemente hasta convertirse en un negro casi absoluto en el fondo de la habitación. Dibujado por Carlant.

Durante el sombreado, conviene alternar el carboncillo con el difumino para conseguir un sombreado más homogéneo e integrado en el ambiente de la escena.

El efecto radial de los rayos de luz lo conseguimos trazando rectas con la punta del difumino sobre el sombreado con carboncillo. Insistimos con el difumino hasta que aparezcan los haces de luz.

EL ÁNGULO DE LA LUZ. Cuanto más elevada es la posición de la fuente de luz, más corta e intensa resulta la sombra proyectada. Si la fuente de luz es muy baja, el objeto proyecta una sombra muy larga y algo degradada, que se vuelve difusa a medida que se aleja.

APLICAR LA GEOMETRÍA. El carácter cambiante de la luz dificulta, en ocasiones, representar correctamente algunas sombras arrojadas. Para resolverlo, podemos abordar el dibujo de estas sombras a partir de proyecciones en perspectiva o sencillos planteamientos geométricos.

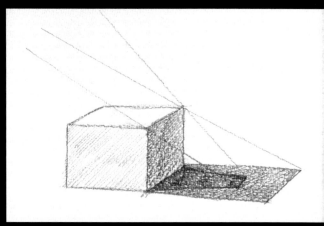

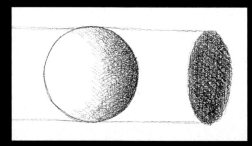

Para dibujar correctamente la sombra que arroja un cuerpo, se trazan líneas que parten de la fuente de luz, pasan por las aristas del objeto y llegan al plano de tierra.

La sombra que proyecta el cubo es alargada y presenta un ligero degradado porque la fuente de luz es lateral y baja.

AMBIENTES LLENOS DE FUERZA. La sombra proyectada tiene un gran poder de sugestión. Podemos aprovecharlo para conseguir ambientes llenos de fuerza y emoción, introduciendo pasajes secundarios de sombras proyectadas sobre el fondo.

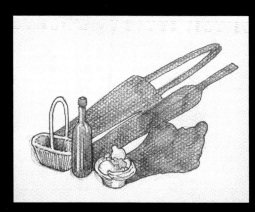

Con una luz rasante, la sombra proyectada del objeto cobra vida propia y se convierte en un doble fantasmagórico y grotesco.

La sombra proyectada duplica las formas de la figura y contrasta su perfil izquierdo, lo cual añade expresividad al dibujo.

SOMBRAS PROYECTADAS. Cuando un objeto opaco se interpone a los rayos de luz, proyecta una sombra sobre una superficie cercana. Estas sombras proyectadas o arrojadas varían de tamaño en función de la altura y distancia a la que se encuentre la fuente de luz del modelo. Las sombras proyectadas fijan un objeto a la superficie sobre la cual descansa y lo relacionan con el entorno físico, por eso es muy importante plantearlas correctamente.

OBJETOS Y TEXTURAS. Las sombras arrojadas sobre una superficie lisa aparecen rectas y claras, pero si se proyectan sobre otro objeto o sobre una superficie texturada, se modifican. Cuando una sombra se encuentra con una forma volumétrica, modifica su dirección y se adapta al relieve, algo similar a lo que ocurriría si fuera agua.

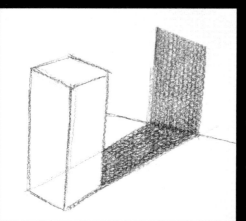

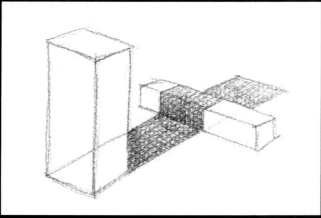

Las sombras proyectadas sobre una superficie lisa no presentan alteraciones; sin embargo, un cambio de plano modifica su dirección.

Cuando la superficie sobre la que se proyecta la sombra presenta textura, irregularidades o un obstáculo, la sombra se adapta a la superficie y a la forma del objeto.

APARICIÓN DE LA PENUMBRA. Con varias fuentes de luz, en lugar de una sombra de un tono intenso y homogéneo, aparecen zonas de penumbra que restan firmeza a las sombras. Otro tanto sucede si la fuente de luz cuenta con una pantalla o reflector amplio, porque la luz rebotada hace surgir un halo de penumbra alrededor de la sombra.

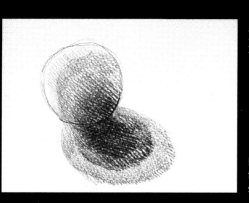

MULTIPLICIDAD DE FUENTES DE LUZ. Trabajar bajo diferentes fuentes de luz plantea inconvenientes, porque las sombras se proyectan duplicadas y es mucho mayor el espacio de penumbra que el de sombra intensa.

La sombra es la zona oscura que proyecta el objeto al interrumpir el haz de luz. La penumbra es el halo de tono más claro que rodea la sombra. Con una luz rasante, la sombra proyectada del objeto cobra vida propia y se convierte en un doble fantasmagórico y grotesco.

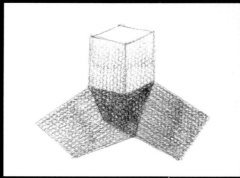

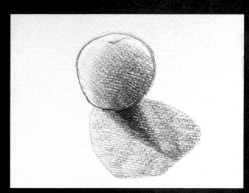

Si incide más de una fuente de luz sobre un objeto, las sombras proyectadas se multiplican y predomina la penumbra por encima de la sombra.

La misma esfera del caso anterior iluminada con dos fuentes de luz. Se comprueba que la sombra se ha reducido considerablemente en detrimento de la penumbra.

DIVISIÓN POR ZONAS TONALES. La base de cualquier contraste es la diferencia evidente entre dos zonas tonales. Un buen ejercicio para comprender cómo se estructuran las sombras consiste en descomponer el modelo en diferentes zonas tonales claramente delimitadas. Esto nos permite construir el dibujo con planos de sombra, como si se tratara de un mapa de valores.

5.1

EL DIBUJO PREVIO. Para resolver con éxito el dibujo preliminar, se plantea un esquema muy sintético del paisaje y otro más cuidado del grupo rural. Las casas deben quedar bien dibujadas y hemos de poner atención a la inclinación de los tejados y la orientación de las fachadas.

El primer planteamiento es esquemático. Con un lápiz de grafito HB sintetizamos el perfil de las montañas del fondo y, sin apenas presión, empezamos a esbozar las casas con la superposición de formas rectangulares.

Decidimos el perfil definitivo de las montañas presionando un poco más sobre sus perfiles con el mismo lápiz. Sobre el esquema geométrico anterior construimos, sin detallar demasiado, cada una de las casas.

El diseño de las casas es lo que requiere más atención. Conviene dibujarlas con exactitud, con trazos rectos y firmes, obviando detalles y la textura de los muros.

5.2

SOMBREADO TONAL GENERAL. La confección del mapa tonal exige reducir a unos cuantos los diferentes tonos que se ven en el modelo. El procedimiento arranca por clasificar los tonos en dos grupos: unos claros, para los términos alejados del paisaje; y otros medios e intensos, en el núcleo rural. Se trabaja de lo general a lo particular, empezando por cubrir las zonas más extensas del paisaje.

Con el lápiz de grafito HB ligeramente inclinado, extendemos un sombreado generalizado para dar una primera entonación al conjunto. Éste va a ser el gris más claro de la composición. Mantenemos el blanco en las fachadas que reciben la luz directa del sol.

Se efectúa, sobre el anterior, un sombreado ligeramente más oscuro, cubriendo la vegetación del fondo, excepto pequeños claros sobre las montañas. Así, con escasamente dos valores, conseguimos despegar del fondo el grupo de casas.

Construir las casas del pueblo con tonos es la fase más lenta y entretenida porque cada fachada se pinta con un tono que la diferencie de las contiguas. Si compensamos cada fachada clara con otra sombría conseguimos que el sombreado sea muy logrado y efectivo.

Para representar el volumen y la textura de la vegetación cercana, realizamos una escala tonal: grises intensos en la parte inferior del árbol, un tono intermedio en el centro y un gris claro en la parte superior.

A medida que se gasta el lápiz, los dedos se acercan a la punta y calientan la cera del grafito, que se ablanda y se vuelve más pegajosa, más densa, y resulta un poco más difícil efectuar tonos claros.

5.3

ESCALAS TONALES Y CONTRASTE. Para evitar que se fragmente el dibujo, lo cual dificultaría la percepción global de la composición, debe procurarse que la variación de los tonos sea gradual, no secuencial y brusca.

Terminamos de sombrear las fachadas y de destacar los detalles arquitectónicos con contrastes de tono. Conviene trabajar con pocos tonos, a fin de no fragmentar la unidad y la armonía de la composición.

Los contrastes tonales fuertes de las aberturas y las fachadas sombreadas definen la forma y el relieve de cada edificio. Cada pared y tejado debe definirse con un suave degradado, la sucesión de estos degradados ofrecerá un conjunto tonal fecundo y visualmente muy activo.

Con nuevas pasadas del lápiz de grafito 4B, oscurecemos los árboles de la parte inferior. Aplicamos un nuevo tono uniforme en las montañas del término medio, dejando pequeños espacios por donde respira el sombreado inferior. Con este nuevo sombreado se recorta mejor el perfil de las casas.

En esta fase, la superficie del papel está ya muy manchada de grafito. Para no emborronar el dibujo con la mano y trabajar con comodidad, lo protegemos con una hoja de papel.

Los planos de las fachadas se distinguen entre ellas gracias a los saltos de tono. Este contraste es fundamental para evitar un tratamiento demasiado plano de las casas.

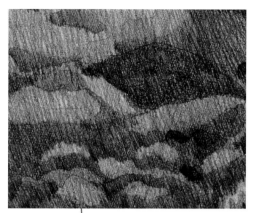

Para conseguir efecto de volumen y describir correctamente los accidentes del paisaje, es fundamental la alternancia de tonos.

Oscurecemos la base de las montañas del fondo con dos extensos grisados homogéneos que presentan un perfil accidentado. Damos por concluido el trabajo, que nos ha llevado varias horas porque un dibujo con una gama tonal plena requiere un paciente desarrollo de los valores y un tratamiento minucioso. Dibujado por Gabriel Martín.

Cuando trabajamos con superposiciones debemos tener en cuenta una cuestión: la saturación del papel. Éste llega a su grado de saturación máximo cuando su grano está completamente cubierto y no acepta más pigmento. De esto depende el tono más intenso que el papel puede aguantar adherido. Debemos, pues, conocer el grado máximo de saturación del papel que utilizamos para saber cuál es el tono más intenso que podremos utilizar en él y establecer respecto al mismo el sistema de valoración tonal.

El empleo de tonos con ligeras diferencias de valor en el césped de la parte inferior, produce efectos suaves, livianos y sobrios.

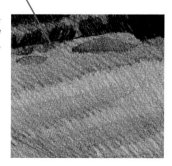

VALOR Y TONO. La lógica de la luz requiere que se distingan las diferencias de matices de claros a oscuros. Estas diferencias de matices reciben el nombre de "valor." Los tonos claros son de valor alto; y los oscuros, de bajo. En el dibujo monocromo, los términos valor y tono se utilizan de manera indistinta, pero no sucede así en la pintura.

En un dibujo tonal primero se diferencian los tonos más intensos con un gris homogéneo oscuro.

Si complementamos las manchas anteriores con un gris medio, conseguiremos un dibujo tonal con escasamente tres valores: blanco, gris medio y gris oscuro.

PRACTICAR ESCALAS TONALES. Antes de iniciar el dibujo, conviene practicar, en un papel aparte, breves escalas tonales para comprobar la sutileza de los sombreados más claros y la intensidad de los negros absolutos de que es capaz el papel que vamos a utilizar.

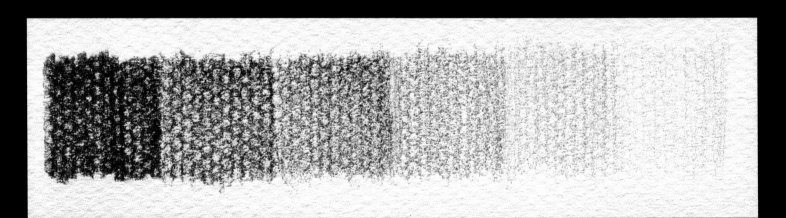

SISTEMA DE ASIGNACIONES TONALES. Los valores del dibujo son las diferentes intensidades de un mismo color que aclaran u oscurecen un objeto sombreado. Los extremos de la valoración son el blanco, el color del papel, y el tono más oscuro que se puede obtener con el medio que se utiliza. Cuando se trabaja en blanco y en negro, esas intensidades serán grises más claros o más oscuros.

ESBOZO DE VALORES TONALES. Los estudios tonales deben plasmarse en el dibujo como un motivo libre de detalles innecesarios, como una sucesión de manchas de tono homogéneo cuidadosamente ubicados, un rompecabezas de tonos monocromos que a modo de mosaico nos ofrecen una visión fragmentada del modelo real. Esto significa trabajar con una escala completa de valores que van del blanco absoluto al negro intenso, y entre estos dos extremos hay literalmente miles de pequeñísimas gradaciones.

Un pequeño apunte le revelará la mayoría de las decisiones importantes porque permite prever los grandes movimientos y formas. Conviene trabajar con pocos valores; en este caso, sólo cuatro.

ORGANIZAR PREVIAMENTE. La luz y sus efectos pueden utilizarse para organizar el plano del cuadro antes de empezar a trabajar. Los apuntes son muy útiles para planificar su composición, organizar la dinámica de sus diagonales y considerar cómo crear una ilusión de profundidad en el paisaje.

Para realzar el efecto de profundidad, los tonos más oscuros deben aparecer en la parte inferior del dibujo; y los más claros, en la superior.

Es fácil comprobar cómo hemos aplicado en la práctica el esquema adjunto, de manera que los tonos se suavizan y aclaran a medida que los términos del paisaje se alejan.

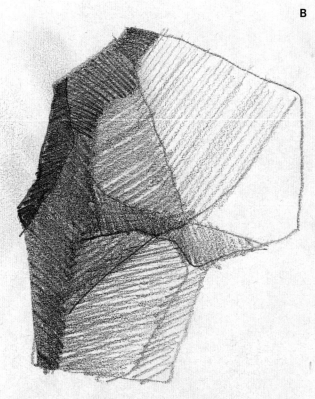

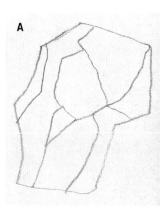

Para evitar que la superposición de tonos nos haga perder la forma del objeto, existe un recurso que nos permite oscurecer el fondo con un gris medio; así, por contraste, se distingue con mayor claridad el contorno del modelo.

La distribución de los tonos es fundamental para expresar volumetría. Para comprobar el efecto, veamos una forma construida sólo con líneas (A) y otra en la que se han sombreado cada uno de los segmentos con tonos de intensidad variable (B). El primero describe una forma plana, el segundo proporciona una sensación de volumen.

El efecto de volumen se consigue construyendo a partir de bloques de tono. Cada zona se divide en secciones geométricas claramente delimitadas. Luego, se sombrea con escasamente tres o cuatro tonos de gris, sin degradados ni efecto de difuminado.

ASIGNACIONES TONALES: UN PAPEL ARRUGADO. Para explicar el efecto que produce la iluminación sobre la superficie de un papel arrugado debemos asignar tonos diferentes en cada zona. Entonces, el papel, compuesto por numerosos planos de diferentes tonos, ofrece una convincente sensación de volumen. El lápiz de grafito es el medio escogido para explicar este método. Las variaciones y el contraste de valores se consiguen alternando la presión ejercida con el lápiz y respetando las zonas más claras del papel.

El estudio tonal del dibujo presenta una sucesión de tonos simple pero muy efectiva. Los diferentes planos se comprenden gracias a la yuxtaposición de grisados bien estructurados y de intensidad variable.

A

B

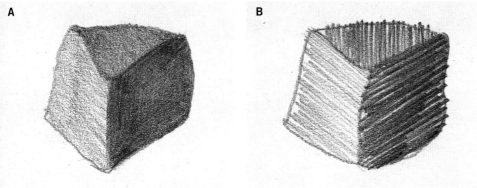

En un dibujo como este se alternan dos tipos de sombreado: algunas zonas se resuelven con tonos uniformes (A) que dan un aspecto más sólido y compacto a la forma, mientras en otras aparecen tramas en el sombreado (B) que subrayan la dirección de los pliegues del papel y ofrecen un tratamiento más dinámico.

La sombra como estructura

El sombreado no es sólo un complemento que nos sirve para definir los relieves y describir la estructura del objeto en un dibujo lineal. También puede ser el punto de partida de un dibujo, porque podemos abocetar el modelo a partir de manchas de sombra, que se distinguen entre sí por contraste de tono, prescindiendo de formas y contornos lineales.

Aunque este método consigue dibujos menos perfilados o detallados que un dibujo puramente lineal, presenta amplias posibilidades expresivas y un acabado más pictórico.

LOS ESPACIOS NEGATIVOS. En este ejercicio abordamos un sistema de gran utilidad para dibujar contornos complicados: la utilización del espacio negativo. El espacio negativo rodea el modelo y comparte el contorno con él; por lo tanto, sombreándolo aparece representado el objeto. En el ejercicio, los pilares con las macetas son la forma en positivo, y el resto es el espacio negativo. Tratamos ese espacio negativo con sombreados con el fin de que aparezcan los espacios positivos y se conviertan en algo real, ofreciendo una nueva percepción del objeto.

6.1

RESOLVER LOS PERFILES RECTOS. La parte inferior del modelo se soluciona con grisados de un tono suave, formando bloques tonales geométricos perfectamente perfilados, que acotan los límites de los pilares. Los espacios que deben ocupar los pilares se dejan en blanco.

Con un lápiz de grafito HB, limitamos los pilares, que aparecen blancos, aplicando grisados en los espacios intermedios. La mayor dificultad reside en conseguir que la inclinación de las rectas diagonales que limitan la parte superior de cada mancha se ajuste al efecto de perspectiva.

Dejamos el lápiz de grafito HB, tomamos uno 2B y efectuamos nuevos grisados de un tono medio. Con un grisado algo más oscuro diferenciamos el límite del muro con la vegetación del fondo, que representamos con un ligero degradado.

El sombreado es muy suave y apenas ofrece saltos de tono. Todos los trazos siguen una misma dirección en diagonal.

6.2

EL PERFIL DE LAS PLANTAS. La mayor dificultad de este dibujo radica en el contorno de las plantas. Para resolverlo de un modo fácil, sombreamos el fondo, incluidos los espacios que quedan entre las macetas y entre los tallos. Al acabar, aparece el objeto perfilado sobre el blanco del papel.

Damos forma a la base de las macetas sombreando con cuidado el vacío que hay entre las mismas. Después, pintamos con pequeñas manchas los espacios que se abren entre los tallos de las plantas.

Avanzamos perfilando más las hojas con nuevos sombreados. En esta fase del dibujo, la superficie del papel ya está muy manchada de grafito y conviene protegerla del roce de la mano con una cuartilla de papel.

Terminamos de sombrear el contorno de los pilares y las macetas. El resultado es que tanto unos como otros parecen haber sido recortados del dibujo y que haya quedado su silueta. El trabajo concluye aquí, pero se puede perfeccionar dibujando correctamente las formas y sombras del interior del objeto. Dibujado por Gabriel Martín.

No se trata de dibujar primero el contorno con una línea a lápiz y sombrear luego, procurando no rebasar el trazo, sino de dibujar con el propio sombreado. En este ejercicio, son las manchas de grafito las que deben construir el perfil.

Si queremos diferenciar y contrastar aún más las macetas, oscurecemos el fondo con sombreados utilizando un lápiz 4B, sin olvidar los pequeños espacios que se abren entre los tallos.

EL MOLDEADO. El empleo de un único tono para todos los valores de sombra se llama moldeado. Las zonas iluminadas se dejan del color blanco del papel. Así la forma del modelo se distingue únicamente gracias a una sólida base de sombra de un gris medio que se extiende por todo el papel y que actúa como contraste con el blanco del mismo.

PAUTA DE VALORES LOCALES. Es la que distingue básicamente la diferencia de tono que existe entre un color u otro. Esta diferencia de tono se debe a que unos colores absorben más luz que otros. Cuando se reduce a blanco y negro un modelo policromo, los colores deben encontrar su equivalente en la escala de los grises. Por lo tanto, cada color equivale a un gris de tono distinto. Esta equivalencia la determina la pauta de valores locales; de este modo, el rojo equivaldrá a un gris más intenso que el gris con el que representamos el amarillo.

Podemos resumir un paisaje rural como éste, una callejuela iluminada lateralmente por un sol intenso, en un solo tono de sombra a modo de moldeado.

Arboleda junto a un riachuelo dibujada según la pauta de valores locales: cada tono del dibujo monocromo equivale a un color del modelo real.

La pauta de valores locales distingue los contrastes principales de tono; el negro del pelo se convierte en el tono más intenso.

Según la pauta de valores locales, en un dibujo monocromo, el color local de cada zona debe traducirse en un tono.

PAUTAS DE SOMBREADO. Existen unas pautas sencillas que nos ayudan a distinguir las variaciones de tono y la distribución del sombreado sobre el modelo. La conjunción de ambas representaciones proporciona una correcta resolución tonal del modelo.

LA PAUTA DE SOMBRA. Las sombras también se rigen por una pauta. En determinadas condiciones de iluminación, para recrear la forma y el volumen del modelo representado, es imprescindible recurrir a la pauta de sombra. Ésta se basa en la diferenciación de las zonas iluminadas de las sombreadas en el modelo.

En un dibujo basado en la pauta de sombra nos interesa principalmente la distinción entre las zonas iluminadas y las sombreadas.

La misma arboleda anterior, desarrollada únicamente según la pauta de sombra. El contraste entre claros y oscuros hace comprensible el modelo.

PAUTA DE VALORES COMPLETA. La pauta de valores locales y la pauta de sombra combinadas crean una pauta de valores completa. Cuando la iluminación es intensa, estas dos zonas parecen tener el mismo valor y se confunden. Cuando la iluminación es más difusa, la pauta de sombra disminuye y la pauta de valores locales adquiere protagonismo.

Combinando la pauta de valores locales y la pauta de sombras, conseguimos una representación tonal completa del tema.

En este tipo de trabajos al carboncillo es fundamental el manchado con la barra plana. De esta manera oscurecemos rápidamente la superficie del papel.

Analicemos la manera de dibujar un tronco con carboncillo, con un modelo algo más complejo que el que presenta el dibujo. Primero se actúa con la barra ladeada oscureciendo el fondo y la cara sombreada del tronco. Luego con la punta de la barra se aplican, sobre la zona sombreada, trazos nerviosos que representan la textura.

Para conseguir el gris homogéneo del fondo del paisaje, los primeros sombreados efectuados con la barra plana se difuminan con sólo pasar la mano por encima. Así evitamos la textura granulada que se deriva de arrastrar la barra longitudinalmente.

Para representar el follaje cortamos en trozos de unos tres centímetros la barra de carboncillo y efectuamos manchados intensos, cortos y superpuestos, que inmediatamente fundimos con la yemas de los dedos.

MANCHADO CON CARBONCILLO. Su fácil borrado, maleabilidad y la posibilidad de modificar las manchas, degradándolas o difuminándolas, hacen del carboncillo un instrumento ideal para realizar apuntes de paisaje en pocos minutos. El tratamiento es poco depurado pero rápido, eficaz y espontáneo.

El manchado con carboncillo permite oscurecer rápidamente cada uno de los términos del dibujo y proporcionar un dibujo muy expresivo y con un cierto acabado pictórico.

El efecto de textura de las hojas de los árboles se consigue con la goma de borrar, abriendo blancos sobre la copa del árbol para simular ramas finas que dan mayor textura al conjunto.

COMBINACIÓN DE LÍNEA Y SOMBRA. Si con ayuda de la línea se puede dar más expresividad y concreción al dibujo, no debemos limitarnos al uso del sombreado. La mancha contribuye a resaltar la volumetría del tronco y a despegar el árbol del fondo, mientras que la línea afianza los perfiles y da textura y detalle al primer término.

7.1

TRAZO MUY TENUE. Con un trazo suave e impreciso y sombreados breves muy difusos, dibujamos el olivo, que aparecerá muy suave sobre la superficie del papel.

Con apenas unas líneas zigzagueantes, fruto de varios intentos, apuntamos el perfil exterior del tronco del olivo. Las manchas empiezan a aparecer difuminadas, sin demasiada convicción.

El trabajo con los dedos es fundamental para difuminar las manchas y desdibujar la línea donde convenga que el perfil sea más difuso. Con un trozo pequeño de barra de carbón ladeada, apuntamos la posición de las ramas.

Los primeros trazos se aplican muy suaves, casi acariciando la superficie del papel con la barra de carboncillo, para poder corregir fácilmente si es necesario.

7.2

SOMBREADOS Y BORRADOS. Construimos la forma del tronco modelando su superficie con sombreados y borrados. Alternando claros y oscuros, conseguimos representar su corteza accidentada, repleta de salientes y oquedades que deben quedar claramente diferenciados.

Con los dedos manchados, aplicamos pequeños toques de un gris suave en la base del tronco. Diferenciamos el costado sombreado y la oquedad con trazos de un gris más intenso, que difuminamos con la mano.

Contrastamos cada hendidura con trazos lineales y nuevas manchas difuminadas. En la parte superior del tronco, empiezan a ser visibles los primeros sombreados en forma de trama.

Con la goma de borrar, efectuamos borrados en la trama en el lado derecho del tronco. Completamos el olivo proyectando las ramas con trazos gruesos y oscuros. Cubrimos el fondo con un nuevo sombreado y lo difuminamos efectuando trazos verticales con un difumino.

Trazamos las ramas arrastrando el lateral de una barra de carboncillo hasta formar un trazo fino y sorprendentemente recto.

7.3

TRAMAS Y GARABATOS. En esta última fase del dibujo nos dedicamos a las texturas de cada superficie. Para representar el follaje fácilmente ponemos en práctica el sombreado con trama y el trazo desordenado o garabateo.

Completamos el manchado del fondo. Resolvemos la franja superior con un gris medio y el terreno arenoso con un gris más claro. Con trazos poco pronunciados intensificamos ligeramente el sombreado que rodea el tronco para aumentar el contraste.

Trabajamos el relieve de la corteza del árbol aplicando sombreados en forma de trama. Antes de pintar el follaje, abrimos los claros del cielo y aclaramos el tronco con la goma de borrar.

Con nuevas tramas de trazos suaves en diagonal oscurecemos el fondo. Combinando el carboncillo y una barra de carbón compuesto, representamos el conjunto de ramas y hojas con trazos desordenados y garabateados.

En esta última fase, la barra de carbón compuesto es fundamental porque permite trazos más intensos que el carboncillo y es muy apropiada para destacar los perfiles y oscurecer las sombras.

Para destacar la volumetría de los relieves del tronco, acentuamos el efecto de claroscuro diferenciando claramente las zonas tonales con contrastes acusados.

Los trazos garabateados de las hojas se diferencian claramente del difuminado del fondo. Se produce un contraste entre trazo y superficie tonal que impide que se confundan los términos.

El tronco requiere los contrastes más acusados. Conseguimos un volumen muy marcado con el efecto de claroscuro, desarrollando transiciones bruscas entre las zonas iluminadas y las sombreadas.

Se completa el follaje con alguna rama o grupo de hojas que destaque sobre la superficie garabateada. Después, se le da algo de relieve al terreno pedregoso de la parte inferior del dibujo. El acabado es muy expresivo. Las ramas, los trazos y la exageración premeditada de las torsiones de la corteza del tronco dan al dibujo un efecto muy dinámico. Dibujado por Gabriel Martín.

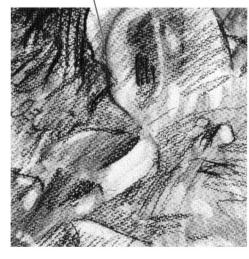

Las piedras del primer término se representan marcando las aristas o el perfil con un trazo suave y diferenciando las caras iluminadas de las sombreadas mediante borrados y sombreados.

SOMBREAR CON LAS MANOS. El trazo no es la única forma de sombrear. También puede utilizarse carbón, creta o sanguina en polvo. Sin embargo, el polvo no se adhiere al papel por sí solo y es necesario presionarlo con un trozo de algodón o con las manos, las herramientas naturales del pintor.

8.1

LA MANO COMO INSTRUMENTO. Las primeras fases de sombreado se resuelven con un trozo de algodón y frotando con las yemas de los dedos manchadas de pigmento, con rápidos movimientos amplios y generosos.

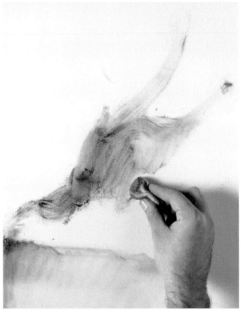

Cargamos de polvo de sanguina un trozo de algodón y pintamos las zonas más oscuras del modelo: el sotobosque del primer término y la cueva. Después de aplicar el color, soplamos o golpeamos el tablero para eliminar el pigmento que no se ha adherido.

Con las yemas de los dedos aplicamos más pigmento en el papel. Modelamos la superficie veteada de la pared rocosa con unas cuantas pasadas con la mano abierta. Con el dedo pulgar cargado de color, oscurecemos el perfil de la cueva.

Para dibujar los troncos de los árboles, cubrimos la yema de los dedos índice y anular con abundante pigmento y frotamos con insistencia sobre el papel.

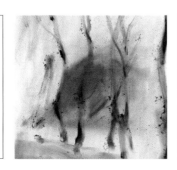

Según la anchura del tronco o rama que dibujamos, utilizamos un dedo u otro.

8.2

LÍNEAS Y TEXTURAS. En una segunda fase, incorporamos trazos más finos y efectos de textura que aporten mayor información al dibujo. Este tratamiento se aplica combinando el modelado con las manos, el difumino y la goma de borrar.

Para dar un tono más cálido al follaje, aplicamos con la mano un poco de pigmento ocre en la parte superior de los árboles. Extendemos el color de forma irregular con las manos, moviendo los dedos como un pianista.

Con la punta de un difumino de tamaño medio y el dedo meñique, dibujamos las ramas de los árboles y las vallas de madera de la parte inferior. Reducimos la presión sobre las ramas paulatinamente para conseguir que el trazo se desvanezca.

Utilizamos la goma de borrar para los efectos finales de textura: abrimos blancos en el camino, dibujamos una línea clara en los troncos de los árboles y aplicamos una trama de trazos verticales sobre la pared rocosa. Dibujado por Gabriel Martín.

Con la punta del difumino cargada de pigmento dibujamos las ramas más delgadas que no podamos trazar con el dedo.

Con la goma de borrar, abrimos blancos para destacar las zonas de luz y aplicamos rayados que proporcionen textura.

LA ESFERA DE LEONARDO. La ambigüedad del contorno de las sombras fue estudiada y teorizada por Leonardo da Vinci. Leonardo observó que la sombra que proyectaba una esfera iluminada por la luz de una ventana, presentaba un degradado que hacía imposible determinar con exactitud su contorno. Para solucionar esta cuestión, inventó el célebre *sfumato*, un procedimiento innovador destinado a evitar los contornos de los objetos y de las sombras.

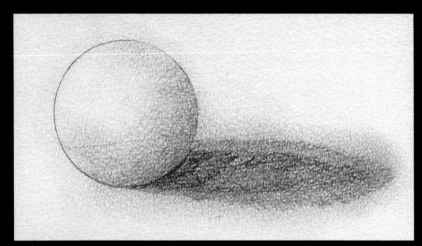

HERRAMIENTAS PARA EL FUNDIDO. Para el fundido pueden emplearse los dedos y el difumino, aunque el resultado varía bastante de un sistema a otro. Los dedos permiten más control sobre el degradado, gracias al contacto directo con el papel. Sin embargo, el difumino consigue un degradado más sutil y homogéneo y, gracias a su punta, que permite más control, los acabados y los límites de las manchas son mucho más minuciosos y precisos.

El principio de Leonardo se basa en la imposibilidad de determinar el contorno de la sombra proyectada por una esfera iluminada con luz difusa.

EL ESFUMADO. Un fundido o esfumado es un dibujo de aspecto brumoso y atmosférico, sin líneas en los contornos, donde los objetos se describen con manchas desenfocadas, sin perfiles, con gradaciones tonales muy sutiles y con un sombreado muy suavizado.

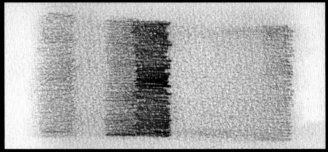

Esfumado realizado con las yemas de los dedos. Es un difuminado tan suave que mantiene las gradaciones tonales realizadas con el lápiz.

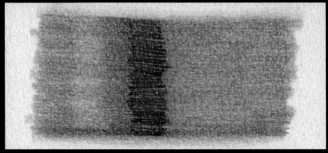

El esfumado es un procedimiento muy adecuado si queremos paisajes de aspecto brumoso o misterioso.

Esfumado realizado con un difumino. Oscurece considerablemente el grisado a lápiz e iguala los diferentes tonos.

SOMBREADO DIFUSO. La luz reflejada, rebotada o filtrada por un cuerpo translúcido llega tamizada al modelo. Así ocurre con las nubes en el paisaje o con una cortina en un interior. Entonces, el sombreado debe ser difuso y los contrastes suaves. En estos casos, las sombras parecen más suaves y tienen el aspecto de halos oscuros e indefinidos que aparecen suavemente por debajo de las formas. Hay, además, una gran transición entre las partes más iluminadas y las sombreadas, ofreciendo un rico conjunto de tonos intermedios.

EL DIFUMINADO. El difuminado consiste en esparcir y retirar color con la intención de rebajar intensidad. Los difuminados permiten crear volumen con facilidad, pero si nos excedemos difuminando manchas, el dibujo puede resultar turbio y falto de precisión y definición. Para evitarlo conviene tener una concepción clara de los valores, de las zonas claras y oscuras y de los contrastes entre ellas.

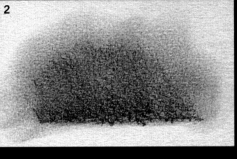

Existen distintos tipos de difuminado y cada uno de ellos consigue diferentes texturas o efectos con el grafito: sombreado con grafito (1), con los dedos (2), con difumino (3) y con goma de borrar (4).

DIRECCIÓN DEL DIFUMINADO. Los trazos del difuminado pueden ser rectos o curvos, dependiendo del modelo. Por ejemplo, para representar el volumen de un muslo o de un brazo en una figura, se alterna la dirección lineal con la curva; en una nalga, los trazos son circulares.

Cuando nos interese controlar la dirección del difuminado, trabajaremos con el difumino, que es el único instrumento que permite difuminar y realizar trazos a la vez.

Siempre que trabajemos con el difumino, debemos estar atentos a la dirección de los trazos.
Aquí, ésta será perpendicular en el cielo, diagonal en el tejado y garabateada en la vegetación.

El éxito tonal de la representación de este paisaje radica en el proceso. Con estos tres bocetos, explicamos cuál debe ser el desarrollo más adecuado para la consecución del dibujo, con la incorporación progresiva de tonos. La primera aplicación corresponde a un tono claro de gris, reservando el color del papel para las zonas más claras de las montañas. El segundo caso incorpora un tono medio que realza el efecto de tridimensionalidad. Finalizamos con un gris intenso que realza el contraste de los términos.

El efecto de difuminado sobre los tonos de grafito es fundamental si pretendemos dibujar un paisaje atmosférico. Compare las dos escalas tonales; en la superior, que presenta un fundido, la presencia de los trazos casi ha desaparecido y los tonos se muestran menos contrastados, con perfiles más integrados.

Las transiciones suaves de tono del dibujo se consiguen frotando con un trozo de algodón. Debe evitarse trabajar con el difumino pues este instrumento apelmaza más el grafito y deja marcas sobre la superficie.

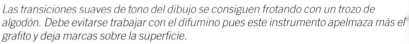

PAISAJE CON ESFUMADO. El esfumado es el efecto de suavizado del sombreado. Esta técnica permite mezclar los tonos con facilidad y ayuda a conseguir gradaciones tonales muy sutiles, como los efectos brumosos, con el fin de describir las formas sin dibujar contornos o perfiles. Para el esfumado, suele utilizarse el lápiz de grafito porque se degrada y emborrona fácilmente y posee ricas cualidades tonales.

En este paisaje de montaña, realizado con lápices de grafito, observamos un tratamiento muy atmosférico gracias al efecto de fundido, que consiste en suavizar las líneas y el contraste de las sombras frotando con la mano, un difumino o un trozo de algodón.

A pesar de los continuos fundidos, el dibujo presenta interesantes efectos de tridimensionalidad logrados por contraste. El artista ha conseguido este efecto abriendo claros con una goma de borrar, creando así un mayor contraste entre las zonas iluminadas y las sombreadas.

Técnicas de sombreado

En términos generales, un sombreado es una transición de los tonos claros a los oscuros, y viceversa. Aunque existen muchas técnicas diferentes de sombreado, casi tantas como artistas, unos sistemas se consideran más apropiados que otros para trabajos concretos. Pero en todos ellos, lo fundamental es la cuestión de los valores de luz y de sombra. La elección de una u otra técnica depende del efecto plástico que queremos conseguir y del medio que estamos empleando para dibujar. En esta sección vamos a considerar las posibilidades de cada uno de los procedimientos de dibujo en la realización del sombreado.

EL MODELADO. El modelado consiste en representar un tema sombreándolo con suaves transiciones de tono, sin presencia de trazos ni de líneas. Las sombras aparecen representadas con degradados, sin contrastes bruscos entre un tono y otro. En este ejercicio, vamos a estudiar cómo se sombrea y modela las manchas de un dibujo. Nos saltamos los pasos de encajado y dibujo y vamos directamente al sombreado.

9.1

SOMBREAR CON LA BARRA LADEADA. Antes de empezar a modelar tenemos que sombrear. La mejor forma de sombrear un dibujo es trabajar con la barra de sanguina longitudinalmente, porque permite cubrir el dibujo con rapidez, desarrollar degradados con mayor facilidad y evita la presencia del trazo, que sería demasiado evidente si trabajáramos con la punta de la barra.

Con el lateral de la barra de sanguina, procurando no manchar el espacio que ocupan las flores, cubrimos el fondo con un amplio sombreado degradado. Después, sombreamos las cubiertas de los libros muy uniformemente, reservando el blanco en las partes iluminadas de los tomos.

En el sombreado del jarrón debemos poner mucho esmero porque su volumetría es algo más complicada. Definimos el jarrón con un sombreado degradado que lo recorre de arriba abajo.

Como es habitual, el esquema previo del dibujo se realiza con lápiz de grafito, sin ejercer demasiada presión.

El grafito impide que el polvo de sanguina se agarre al papel, así que, después de conseguir un dibujo convincente del modelo, borramos levemente los trazos. El trazo que quede debe ser muy leve, lo justo para que nos guíe durante el sombreado.

9.2

MODELADO PARA CONSEGUIR VOLUMEN. El efecto de volumen se consigue modelando con suaves transiciones de tono la superficie de cada objeto; así pues, las sombras que se van incorporando y que presentan degradados acusados deben suavizarse con la yema de los dedos.

Resolvemos las flores con trazos nerviosos y poco precisos con la punta de la barra. No es necesario dibujar rama por rama, sino recrear el conjunto. Actuando nuevamente con el lateral de la barra pintamos las sombras proyectadas de la jarra, procurando diferenciar la sombra y la penumbra con dos tonos distintos.

Los modelados son muy suaves y progresivos, evitando los trazos. Esto se consigue intensificando los valores con nuevos sombreados suaves y difuminando y degradando con la yema de los dedos.

Si hemos hecho una adecuada valoración del tema, habremos conseguido modelar las formas y éstas aparecerán con todo su volumen y relieve. Con el modelado, el pintor simula en dos dimensiones lo que el escultor trabaja en tres: da cuerpo al tema y lo hace presente. Dibujado por Óscar Sanchís.

Conviene practicar previamente el modelado con sanguina y el degradado con los dedos en un papel aparte.

EL VOLUMEN EN EL CLAROSCURO. Ahora planteamos un tema con fuertes contrastes entre luces y sombras con la técnica del claroscuro. Las sombras hechas con carboncillo son densas e intensas. El efecto de modelado lo conseguimos casi exclusivamente con las manos, frotando, sombreando y aclarando, procurando modelar el volumen de la columna con contrastes entre las zonas luminosas y las sombreadas.

10.1

POCOS TRAZOS. Con un rápido dibujo situamos las líneas principales utilizando el menor número posible de trazos, que variaremos de intensidad según su importancia. No buscamos la exactitud del modelo. El particular encuadre del tema permite acusar cierta deformación o exagerar el efecto fugado de la columna.

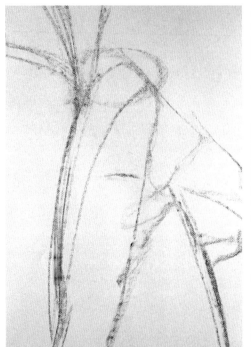

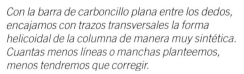

Con la barra de carboncillo plana entre los dedos, encajamos con trazos transversales la forma helicoidal de la columna de manera muy sintética. Cuantas menos líneas o manchas planteemos, menos tendremos que corregir.

A medida que progresamos en el encaje, con la punta de la barra planteamos con más intensidad el perfil de la columna. Esto permite reforzar las líneas principales.

Para dibujar cómodamente con el lateral de la barra de carboncillo, la cortamos en trozos más pequeños.

Para conseguir el efecto perspectivo, estrechamos la columna a medida que adquiere altura.

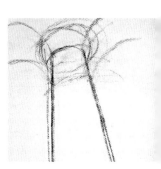

10.2

OSCURECER RÁPIDO. Manchamos con rapidez el fondo con el lateral de la barra de carboncillo, para distinguir y aislar las formas principales. Aunque resulte sucio, esto nos permite desarrollar una primera gama de tonos medios, necesaria para poder aplicar posteriormente nuevas sombras que proporcionen efecto de claroscuro.

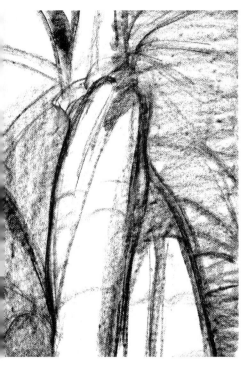

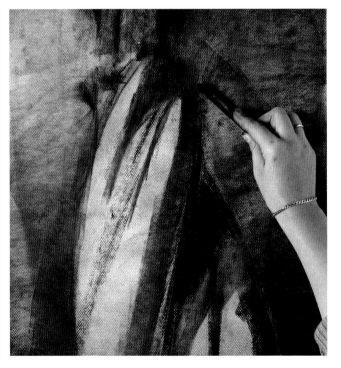

En primer lugar, para diferenciar entre el claro de la columna y el oscuro de la bóveda, aplicamos un primer sombreado sobre el fondo, y lo extendemos a la parte derecha de la columna, que también permanece en sombra.

Efectuamos un difuminado general con la mano extendida sobre el sombreado para que se integre mejor en el papel. Después, sombreamos con negros más intensos ejerciendo mucha presión con el lateral de la barra de carboncillo.

Contrastamos las zonas de luz y sombra de la columna con la punta del carboncillo e igualamos cada nueva aportación de grisado con la yema de los dedos. Las sombras aparecen claramente diferenciadas gracias al perfil que las delimita.

Si emborronamos el carboncillo con la yema de los dedos, conseguimos un tono perfecto como base del tono de las piedras de la techumbre.

El fondo se resuelve con un sencillo degradado tonal, que va del negro más intenso en la parte inferior a un gris suave en la superior.

10.3

CLAROSCURO CON LAS MANOS. Hasta ahora sólo hemos trabajado el sombreado básico para diferenciar las zonas de luz y las sombreadas. Con la incorporación progresiva del efecto de claroscuro estudiaremos cuáles van a ser los negros más densos que se pueden lograr. Para el modelado utilizamos sobre todo las manos, para degradar la sombra y aclararla, ya que con ellas se logran buenos resultados en las zonas luminosas y de tonos medios.

Con un difumino manchado de carboncillo, esbozamos los arcos de la nave gótica. Para que destaquen con claridad, los trazos deben ser más oscuros que el grisado anterior, pero sin llegar al negro absoluto, reservado para zonas más oscuras del fondo y la columna.

Para conseguir el efecto de lisura de las piedras de la columna necesitamos un trapo de algodón. Con él frotamos los pilares de arriba abajo, aclarando las sombras y suavizando el degradado.

La parte derecha del fondo tiene una tonalidad general más oscura que la izquierda. Oscurezcamos también la parte derecha de cada pilar para conseguir efecto de volumetría. Con la goma de borrar simulamos las juntas de los bloques de piedra.

Para lograr un claroscuro convincente, conviene aclarar las zonas de máxima iluminación con una goma de borrar maleable. Cuanto más contrastadas estén las luces y las sombras, mayor será el efecto de volumen.

Con la punta de la barra de carboncillo llevamos la zona sombreada de la columna al negro casi absoluto.

Utilizando la goma de borrar maleable como si fuera un lápiz, abrimos unas líneas claras que den forma a los capiteles.

Una vez conseguido el efecto de claroscuro, fundimos los grisados del fondo con los dedos. Ahora dejamos la barra de carboncillo y tomamos la barra de carbón compuesto, que permite unos negros más intensos. Perfilamos las columnas para que se recorten claramente sobre el fondo. Dibujado por Mercedes Gaspar.

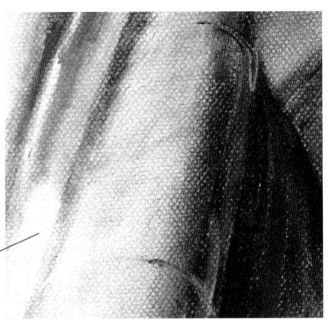

Con un degradado desde el negro intenso al gris claro, conseguimos el efecto volumétrico de las columnas cilíndricas.

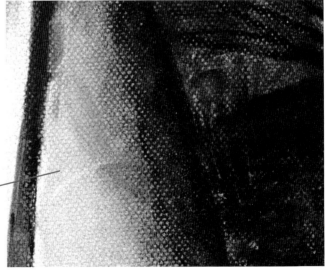

Localizamos el negro absoluto en el perfil derecho de la columna. La gradación del fondo junto a ese perfil es ligeramente más clara, para resaltar el elemento que se encuentra en el primer término.

DEGRADADOS CON CARBONCILLO O CRETA. Los degradados con carboncillo o creta se consiguen con facilidad pintando con el lateral de la barra, aumentando o disminuyendo la presión ejercida sobre el papel.

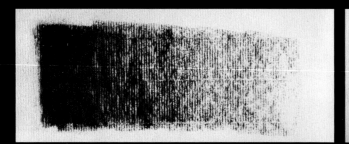

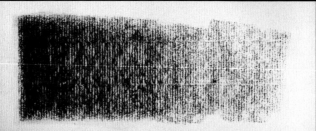

Degradado con barra de carboncillo.

Degradado con barra de creta.

EL DEGRADADO PROFUNDO. El degradado con creta o sanguina adquiere profundidad si se frota la superficie del papel con un difumino, ya que el polvillo penetra en los poros del papel y el color se vuelve más intenso.

Degradado con barra de creta esfumado con un difumino.

DEGRADADO CON LÁPIZ. Los degradados a lápiz suelen realizarse alternando lápices de diferentes durezas. Sin embargo, el lápiz permite degradar un sombreado clásico, a base de trazos paralelos, simplemente disminuyendo la presión ejercida sobre el papel. Para efectuar degradados con lápiz, es importante que la punta esté poco afilada.

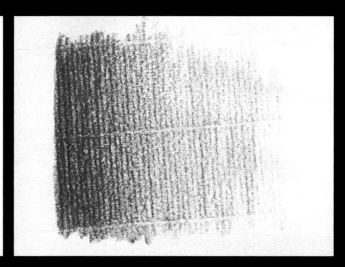

Degradado con lápiz de grafito.

Degradado con lápiz de color azul.

DOMINIO DEL DEGRADADO. El degradado es un sombreado que proporciona una transición suave de un tono a otro, de manera que aparecen representados, en orden y sin saltos de tono visibles, todos los valores tonales de una gama.

El DEGRADADO ATMOSFÉRICO. Se puede evitar la presencia del trazo del lápiz de grafito en el degradado, trabajando con la punta ladeada, trazando pequeños círculos con movimientos suaves y rotatorios. El efecto de este degradado es más brumoso, atmosférico y delicado que el clásico, de trazos paralelos.

EFECTO DE VOLUMETRÍA. El degradado se ajusta bastante al efecto de la luz sobre los cuerpos cilíndricos y esféricos, por eso es el recurso más utilizado para dar volumetría a estos objetos.

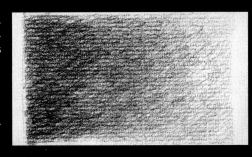

La presencia del trazo es casi imperceptible en el degradado atmosférico.

La representación de un modelo cilíndrico adquiere volumen con un simple degradado.

DIBUJO CON DEGRADADOS. Podemos realizar dibujos únicamente con degradados, que contribuyan a realzar el efecto de volumen. El resultado final es muy interesante, aunque la distribución de las luces y las sombras sea algo desconcertante y ambigua.

Aplicado en el paisaje, el degradado realza la voluptuosidad de los términos.

Patio interior resuelto únicamente con degradados. Ofrece un acabado decorativo, aunque los efectos de luz son algo desconcertantes.

TRAMAS PARA SOMBRAS. El sombreado con tramas es un efecto que se aplica para crear diversos tonos o valores extendiendo una especie de "alfombra" de trazos superpuestos a lápiz, muchas veces cruzados en ángulos.

11.1

DIBUJO FIRME. Debemos prestar mucha atención a la elaboración del dibujo, ya que todas las tramas posteriores se van a basar en él. Debe ser firme, lineal y certero, con líneas que limiten las zonas sombreadas y las iluminadas. Del dibujo inicial depende mucho el resultado final.

Con un lápiz de creta negra afilado, sintetizamos con una línea el perfil de la roca. Los trazos interiores, también sintéticos, señalan el relieve de la roca y distinguen las zonas iluminadas de las sombreadas.

Distinguimos, de manera muy generalizada, las principales zonas de sombra de la formación rocosa con una primera trama de un grisado clásico de líneas paralelas. A medida que se aplican tramas se intensifican algunos perfiles de la roca.

El primer sombreado se desarrolla con una trama simple o clásica, un conjunto de líneas diagonales paralelas que pretenden un sombreado homogéneo.

Para que el sombreado sea homogéneo, la trama superpuesta debe presentar un ángulo de inclinación diferente a la inferior.

11.2

DESARROLLO DEL SOMBREADO CON TRAMAS. Los dibujos tramados son de elaboración lenta y paciente. Permiten calcular con precisión la valoración de cada luz y cada sombra. Esta técnica de sombreado es muy importante y su perfecta ejecución prueba que el artista está suficientemente entrenado.

Superponemos la primera trama sobre el grisado anterior para oscurecer las sombras. Cuanto más oscura queramos la sombra, más presión ejercemos en el trazado.

Extendemos los tonos intermedios con tramas muy suaves. Superponemos una tercera trama sobre los sombreados más densos de la roca. Dejamos en blanco las zonas de máxima luz.

La combinación de múltiples tramas da como resultado obras de muy rica valoración tonal y que sugieren la calidad de las superficies representadas. A diferencia de las obras resueltas con degradados de lápiz, las sombras de un dibujo tramado presentan mayor efecto de textura. La superposición de líneas proporciona al dibujo mucha más información visual, más detalle del que está presente en realidad. Dibujado por Óscar Sanchís.

Es interesante experimentar con las tramas. Sobre una trama clásica, intervenimos con diferentes tramas, variando la línea y la presión ejercida con el lápiz en cada una de ellas. La intensidad y textura del sombreado resultante varían.

Las tramas no son sólo un medio peculiar de sombrear, sino que además favorecen el efecto de textura.

SOMBREADO CLÁSICO. El sombreado clásico fue desarrollado en los siglos XV y XVI por los grandes artistas del Renacimiento italiano. Esta técnica consiste en dibujar una trama paralela, con un ángulo de inclinación de aproximadamente 45°, que cubre toda la zona que se quiere sombrear. Cuanto más apretada está la trama más oscura es la sombra.

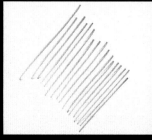

Ejemplo de sombreado clásico.

TRAMAS. Las tramas son yuxtaposiciones o superposiciones de líneas de trazos. Por su naturaleza quebrada, cuando se ven a media distancia, pueden producir una sensación vibrante, algo que no ocurre con las áreas planas de tono. Merece la pena experimentar con diferentes medios, colores y líneas todas las variaciones de tramas posibles.

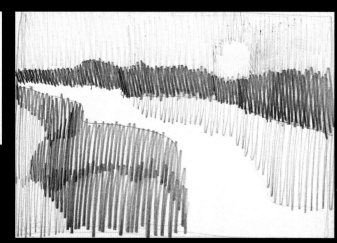

Apunte de paisaje con sombreado clásico.

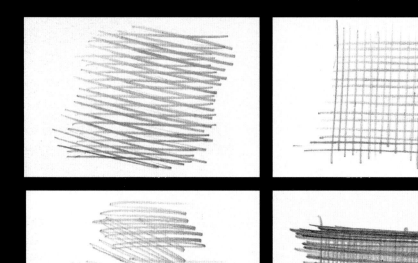

Variando el ángulo de cruce y la intensidad de los trazos, se obtienen distintas tramas cruzadas.

TRAMA CRUZADA. En la trama cruzada clásica los trazos se cruzan con un ángulo ligeramente distinto. Estos ángulos que apenas difieren unos de otros crean un diseño muaré que hace que el sombreado sea algo luminoso gracias a los espacios por donde respira el blanco del papel. Al aumentar el ángulo de los trazos cruzados se logra un estilo diferente de trama cruzada y se abren más blancos. En ambos casos, para oscurecer más el matiz, solamente es necesario trazar una nueva trama sobre la anterior.

Nota de paisaje realizada combinando diversas posibilidades de trama cruzada.

TIPOS DE SOMBREADO. Existen diferentes técnicas de sombreado. Escoger una u otra depende del efecto plástico que pretendemos y del medio que hemos escogido para trabajar. Veamos algunas de las técnicas de sombreado más habituales entre los artistas experimentados.

EL RAYADO. Se realiza con trazados clásicos en los que variamos la presión y grosor del trazo para indicar las diferentes zonas tonales. Aplicado con rotundidad, el rayado dota de gran fuerza a los apuntes.

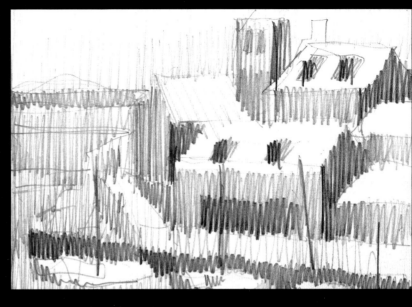

Aplicación del efecto de rayado en un apunte.

LA SOMBRA TAQUIGRÁFICA. Relaciona la construcción de las sombras con la expresividad del trazo, vinculando la forma de rayar a cuestiones caligráficas propias de la escritura. El rayado permite mucho más la expresión gestual que el dibujo de contornos. Este sombreado no permite un tratamiento muy preciso y detallado, sólo se representan los elementos concretos que hacen significativas las formas.

EL MODELADO. Cuando manejamos un lápiz 4B con mucha suavidad, la dirección, el tono y la forma de los trazos del lápiz quedan mitigados. Las transiciones de tono entre las zonas de luz y las de sombra se resuelven suavemente. Reservamos los trazos para describir texturas sobre el objeto.

Bodegón realizado con sombreado taquigráfico.

Con suaves transiciones de tono, algo difuminadas o degradadas, representamos el volumen de los objetos. En el modelado debemos evitar los contrastes bruscos de tono.

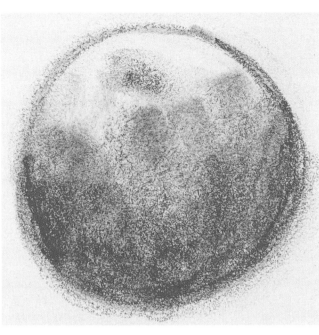

Veamos en esta progresión cómo debemos modelar una fruta del mismo modo como aparece en el modelo. Primero manchamos la zona sombreada con la barra de sanguina plana.

Tras difuminar la aportación anterior con la yema de los dedos, aplicamos un nuevo sombreado en la parte inferior de la esfera y representamos la cavidad que forma la manzana en su parte superior.

Con la punta de la barra oscurecemos la mitad inferior perfilando con un trazo intenso la redondez de la manzana. El efecto de modelado debe gran parte de su éxito al degradado que se extiende sobre la superficie del objeto.

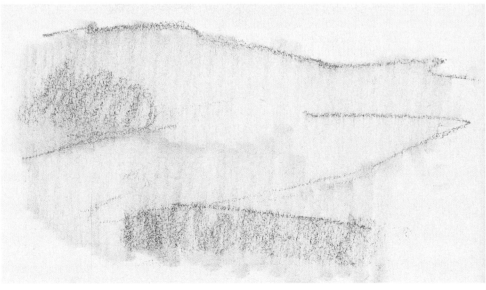

La intervención del difumino es la clave para conseguir un efecto de modelado convincente en los objetos de la composición. Cuando su punta se encuentra manchada de color podemos realizar suaves degradados con sólo arrastrarla por el papel.

El fondo de la composición debe aparecer muy sinuoso, las formas casi se desvanecen y se integran con el blanco del papel. Esto se consigue con unos trazos finos que se funden con el difumino.

MODELADO CON SANGUINA. La sanguina es un medio con un alto poder de tinción. Su trazo es suave y permite ser modelado con facilidad, proporcionando una rica gama de tonos medios al dibujo. El efecto de modelado en este bodegón se consigue con el control del degradado, restando presencia al trazo, y con un difuminado atmosférico que evita fuertes contrastes tonales.

En trabajos como este conviene no actuar con una gama muy amplia de tonos. Estos cuatro tonos, a los que añadimos el blanco del papel, son más que suficientes.

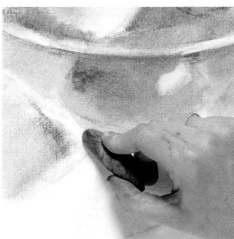

Fíjese en los realces de luz. Se consiguen, como siempre en estos casos, borrando con una goma maleable. El borrado es muy útil para recuperar el blanco en un objeto y así ampliar el degradado que presenta el modelado.

El efecto de modelado de las sombras y el difuminado general da como resultado un dibujo ligero, con una correcta entonación y sin apenas sobresaltos en la transición de las zonas iluminadas a las sombreadas.

DRAPEADO CON CLAROSCURO. Proponemos ahora un estudio sobre un ropaje. Con este ejercicio trabajaremos el volumen de los pliegues con un minucioso estudio de las luces y las sombras. La técnica de sombreado que vamos a emplear es el claroscuro, que consiste en modular la luz sobre un fondo de sombra, creando contrastes bruscos de tono para sugerir el relieve y la profundidad de los pliegues del drapeado.

12.1

ANALIZAR LOS PLIEGUES. Antes de comenzar, conviene estudiar muy minuciosamente la forma de los pliegues. Tras el estudio, esbozamos de manera esquemática la dirección de cada pliegue. Esto nos proporciona la estructura suficiente sobre la cual desplegar las luces y las sombras.

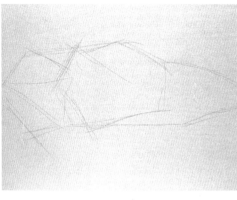

Con la punta de la barra de carboncillo, con mucha suavidad, dibujamos la forma general de la tela, la sombra proyectada sobre la mesa y los pliegues principales.

Con el costado de la barra de carboncillo, sin ejercer demasiada presión, damos una entonación general al conjunto.

Debemos dibujar los pliegues del tejido con trazos breves, rectos y sintéticos, que nos permitan analizar su estructura y nos indiquen la dirección que adopta la ropa en cada caso.

12.2

ACUSAR LOS CONTRASTES. La segunda fase consiste en sombrear el drapeado con grisados más o menos uniformes, respetando las zonas iluminadas para que se diferencien claramente las partes de luz y de sombra. Todavía no es el momento de desplegar los tonos intermedios.

Con la punta de la barra de carbón, intensificamos las líneas que definen el paño y reforzamos las arrugas principales. Representamos la sombra que proyecta el ropaje sobre la mesa con tramas de trazos diagonales.

Con la barra de carbón efectuamos un suave trazado para oscurecer las zonas de sombra de los pliegues y conservamos en blanco las zonas iluminadas. Luego, para que el polvillo cubra mejor el papel y se intensifiquen los primeros sombreados, difuminamos los trazos con un difumino.

Atenuamos los contrastes iniciales efectuando un borrado general con un trozo de algodón, hasta que los sombreados tengan la intensidad adecuada para los tonos medios. Con el trozo manchado de polvillo de carbón, oscurecemos la parte superior de la mesa para que presente un claro degradado de arriba abajo.

Para el proceso de sombreado utilizamos un trozo de algodón y polvo de carboncillo. Así evitamos los trazos y logramos sombrear de forma muy gradual la superficie plana de la mesa.

El carbón es más cubriente que el lápiz y permite desarrollar sombreados más enérgicos. Su escala de tonos es amplia y admite ser extendido, difuminado y manipulado con los dedos y el difumino.

12.3

EFECTO DE CLAROSCURO. En esta segunda fase, poco a poco intensificamos más las sombras oscuras con nuevas manchas de carbón. El dibujo adquiere un sorprendente efecto de volumen gracias al contraste entre estos negros y el blanco del papel que conservan las zonas iluminadas.

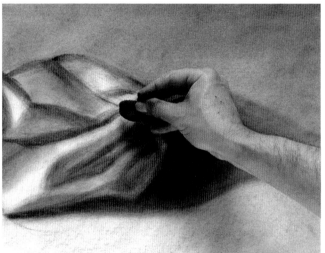

Iniciamos el estudio de los pliegues asegurando con nuevos trazos más intensos el interior de cada arruga. Oscurecemos la sombra proyectada para que se despegue del sombreado general de la mesa. Al oscurecer esta sombra, se perfila mejor el lado derecho del drapeado.

Combinando el trabajo con la punta de la barra de carboncillo y los sombreados con la muñequilla, terminamos de desplegar los tonos medios y el efecto de degradado en los pliegues más amplios. Trabajamos con cuidado porque debemos preservar los blancos en las zonas iluminadas de los pliegues.

Los últimos trazos son los más intensos. Con líneas negras, densas y gruesas, reafirmamos algunas arrugas y acentuamos el claroscuro en cada pliegue con degradados más intensos.

Para dibujar arrugas correctamente, iluminamos la parte que sobresale y sombreamos el pliegue con un degradado que vaya de la parte más clara, en el exterior, a la más oscura, en el interior.

Una alternativa a lo anterior, es marcar previamente los límites de las sombras y rellenar con grisados o degradados el interior de cada una de ellas.

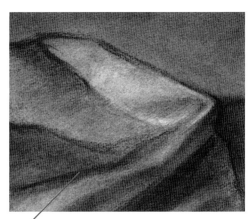

Para evitar que el drapeado se pegue al fondo y se confunda con él, subrayamos el perfil superior del ropaje con una línea gruesa y oscura.

Sobre los diversos oscuros del drapeado, intensificamos los contrastes que definen el efecto de claroscuro, producido por el contraste acusado de las zonas claras y las oscuras. Intensificamos también la gran sombra oscura que se proyecta sobre la mesa. Dibujado por Carlant.

Para reforzar las zonas de luz, recuperamos el blanco del papel efectuando breves borrados con una goma de borrar maleable.

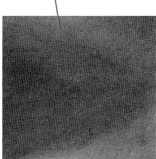

Conviene diferenciar dos tonos en la sombra proyectada: el tono oscuro que corresponde a la sombra y el tono medio del gris de la penumbra.

BODEGÓN TENEBRISTA. El tenebrismo sumerge los cuerpos en una atmósfera poco iluminada y rodeada de tinieblas, en la que triunfa la sombra sobre la luz. Para el tenebrismo son ideales los medios considerados más inestables, el carboncillo, la barra de carbón compuesto o la creta negra, que ofrecen poca precisión en los contornos y que nos acercan a las cosas desde un presentimiento táctil, desde el hacer y deshacer, desde la duda.

13.1

ESQUEMA SOBRE FONDO TONAL. El dibujo inicial debe ser preciso y austero, hay que ajustar las proporciones y definir las formas sin conceder demasiada importancia a los detalles. Hemos elegido un soporte de color pardo porque es el color que predomina en la mayoría de los temas de estilo tenebrista, lo cual facilita representar los tonos medios.

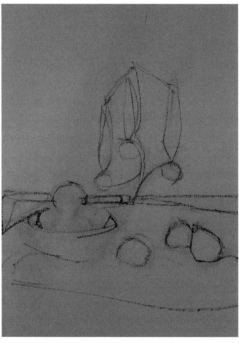

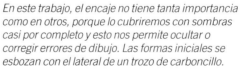

En este trabajo, el encaje no tiene tanta importancia como en otros, porque lo cubriremos con sombras casi por completo y esto nos permite ocultar o corregir errores de dibujo. Las formas iniciales se esbozan con el lateral de un trozo de carboncillo.

Aseguramos las formas principales del bodegón con líneas más precisas: las frutas son simples formas circulares; los pliegues del paño, trazos sintéticos. El diseño del candelabro requiere algo más de atención.

Es muy útil aprender a modular la línea con el lateral de una barra de carboncillo, ya que, con un simple giro de muñeca, podemos conseguir líneas rectas y finas o trazos gruesos y amplios.

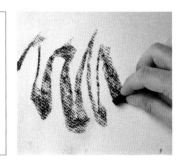

13.2

LA LUZ DE LAS VELAS. La escena debe estar iluminada por la fuente de luz que representan las velas. Debe hacerse de una manera efectista y efectiva, de modo que el contraste entre la luz de las velas y el resto de la obra sea muy violento. Los tonos medios están representados por el color pardo del papel, que dejamos respirar entre las manchas de carboncillo.

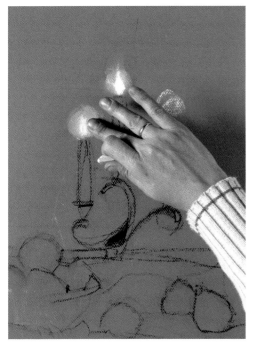

Con una barra de pastel blanco pintamos la llama de las velas con un color denso y cubriente. Para dibujar el halo de luz basta con difuminar el blanco inicial con movimientos circulares.

Atendiendo al efecto de luz pintamos la parte superior de las velas con nuevas incorporaciones de blanco. Con el lateral de una barra de carboncillo, ejerciendo presión, oscurecemos con un negro uniforme las sombras más contrastadas del mantel.

Cubrimos el fondo de un negro intenso. Trabajamos con el lateral de la barra de carbón en las zonas amplias. Para pintar el fondo alrededor de la forma del candelabro, necesitamos más precisión, de modo que utilizamos la punta de la barra. Conservamos de color marrón los halos de las velas.

La vela se resuelve con un degradado blanco, más claro en la parte superior, cercana a la llama, y algo más difuminado, mezclado con el color del soporte, a medida que descendemos.

Después del manchado general con el lateral de la barra de carboncillo, conviene densificar las sombras, hacerlas más negras y cubrientes. Para ello, pasamos el difumino plano sobre la superficie del papel.

13.3

OSCURIDAD Y TINIEBLAS. Promulgamos ahora la ausencia de luz, provocamos la sensación de falta de luz. Para ello, invadimos la superficie del papel con sombras densas y generosas. Este manto oscuro estimula el sentido de la vista al desdibujar las formas familiares de los objetos y las excita con contrastes violentos.

Con la punta de un difumino grueso algo ladeado, difuminamos el negro del fondo hasta convertirlo en una sombra más oscura y cubriente. Acotamos con difuminados el halo de las velas y frotamos con el difumino sobre los claros para darles textura e integrar el color del papel en el conjunto.

Con leves toques de difumino oscurecemos las zonas correspondientes de cada fruta, teniendo en cuenta que las sombras se encuentran siempre en la cara opuesta a la luz. Con una goma de borrar, recuperamos la forma del candelabro que se había perdido en la fase anterior.

Retomamos el pastel blanco y terminamos de pintar las velas, desarrollando el degradado descrito anteriormente. Aplicamos realces de blanco sobre las frutas y el frutero para conseguir brillos y acusar la volumetría.

Los blancos de las frutas deben ser suaves, no tan intensos como el de las velas. Para lograr sutileza, podemos pintarlos con un difumino manchado de blanco en lugar de utilizar la barra.

Conviene recuperar o retocar la forma del candelabro, que se habrá perdido durante el trabajo, para evitar que se confunda con el fondo o se disgregue demasiado su perfil.

El halo de luz de las velas se consigue con una sencilla escala tonal que arranca en el blanco absoluto de la llama, pasa por los tonos medios conseguidos manchando el marrón del fondo y termina en el gris intenso y negro del fondo.

Oscurecemos más algunas zonas del fondo y la sombra de la parte inferior del drapeado con una barra de carbón compuesto. Solamente faltan unos toques sobre el candelabro e integrar el perfil superior de la mesa con el fondo mediante difuminados. En algunos bodegones, el efecto tenebrista se emplea para sugerir espiritualidad, un talante tétrico y enigmático, con una sensación algo teatral. Dibujado por Mercedes Gaspar.

Con pequeños brillos representados con líneas finas y sutiles de pastel blanco, creamos el efecto metálico de la textura del candelabro.

El color ocre inicial produce un efecto demasiado brillante, un contraste poco integrado en el conjunto tenebroso y oscuro, por eso lo ensuciamos con tonos medios, aplicando una ligera capa de polvo de carbón con un difumino.

Los realces
de luz

Los realces de luz son los brillos de la fuente de luz que se aprecian en los objetos brillantes o fuertemente iluminados. Suelen relacionarse con el estado final de un dibujo para evitar que dificulten el proceso de sombreado y porque el blanco, para que destaque, debe depositarse sobre zonas previamente ennegrecidas.

Aunque la manera tradicional de dibujar es trabajando las formas del modelo con líneas y desarrollando luego las sombras, ahora vamos a comprobar que también puede plantearse un dibujo partiendo de las zonas más iluminadas: señalando los realces con blanco, con borrados o con reservas, para atender luego a las sombras.

Invertir el proceso habitual de trabajo ayuda a considerar el efecto de la luz directa y a valorar correctamente el efecto de claroscuro en el modelo, porque es a estos aspectos a los que prestamos atención y los que nos guían en el proceso de elaboración del dibujo.

BOCETO DE LUCES. Para abocetar un tema fuerte iluminado empleando sólo las luces, es imprescindible una observación muy atenta de la luz y su incidencia en el modelo, prescindiendo de la cuestión del sombreado.

Trabajaremos sobre un papel gris-azulado, que permite obtener el máximo rendimiento de los trazos y de los degradados de creta blanca.

14.1

UN TRATAMIENTO EXPRESIVO. El dibujo presenta un talante intencionadamente expresivo, que conseguimos deformando ligeramente el espacio interior y los objetos. Una vez encajados los elementos, les damos corporeidad marcando las zonas más iluminadas con amplios manchados de color blanco.

Antes de abordar el boceto, analizamos las características abstractas de los espacios y las formas fundamentales. Abocetamos ya con líneas simples, sin darle mucha importancia a la exactitud del dibujo. Incluso optamos por una ligera deformación de los objetos.

Pintamos los toques de luz intensa con el lateral de una barra de creta, ejerciendo mucha presión con la misma sobre el papel para conseguir blancos muy cubrientes. Nos concentramos en las características abstractas de las manchas en lugar de intentar reproducir los objetos con exactitud.

Después de pintar de blanco las zonas más iluminadas con el lateral de una barra de creta, conviene difuminar con la mano.

14.2

PINTAR LA LUZ. Pintamos con blanco los objetos iluminados con nuevas pasadas que aclaren el color del papel. Modificamos las zonas de luz con tonos más variados y definitorios, combinando adecuadamente el blanco de la creta con el azul del papel para conseguir el efecto de tridimensionalidad.

Con la punta de la barra, definimos un poco más la forma de cada objeto. Empleamos la línea para definir perfiles. Con la goma de borrar oscurecemos los cojines. Creamos tonos medios con nuevos blanqueados muy suaves.

Aplicamos degradados en las paredes de la habitación, con tonos medios, que se consiguen con trazos suaves que no cubren por completo el color del papel. Esta fase mejora notablemente el aspecto general del boceto.

El paso final muestra las múltiples posibilidades de un interior pintado exclusivamente de objetos blancos. Los objetos parecen formas negativas, de gris oscuro, que se recortan sobre el fondo aclarado. Dibujado por Gabriel Martín.

Recuperamos el azul del papel abriendo blancos con la goma de borrar para conseguir contraste y que los objetos de la mesilla se despeguen de la pared.

Podemos lograr un acabado muy vistoso creando contrastes cromáticos con lápices de color azul y naranja.

DIBUJO TONAL SOBRE PAPEL DE COLOR. El color del papel sobre el que vamos a dibujar es una cuestión que debe considerarse detenidamente, ya que es la base sobre la que se van a realizar los trazos. Además, el color del papel es el color del fondo del dibujo. Es aconsejable escoger un tono medio para que contraste con los blancos y que, al mismo tiempo, permita desarrollar desde los grises medios hasta los oscuros, y el negro.

15.1

UN DIBUJO MUY LINEAL. El encajado consiste en un dibujo lineal, elaborado con un solo trazo, sin ninguna sombra. Antes de empezar a situar las luces, conviene tener un esquema perfectamente construido. Utilizaremos un lápiz de grafito HB.

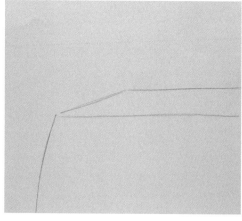

Con un lápiz de grafito HB dibujamos de manera clara los perfiles de la mesa. Dos o tres rectas y una curva son suficientes para componer el escenario del bodegón.

De modo muy esquemático y lineal, situamos sobre la mesa la botella de cristal, la jarra y la copa. Basta con un dibujo muy perfilado, que atienda a la forma de los objetos, prescindiendo de sombreados, brillos y texturas.

Para preparar un fondo tonal sobre papel blanco lo cubrimos con el carboncillo plano y fundimos los trazos con la mano. El gris medio debe ser uniforme, lo bastante oscuro para que el blanco destaque con fuerza, y lo bastante claro para que permita grises oscuros y negros.

El tratamiento inicial de los objetos debe ser muy esquemático, sin sombras y sin detalles que informen sobre sus texturas.

15.2

DEGRADADOS SOBRE VERDE. Extendiendo degradados, marcamos las primeras diferencias tonales. Gracias al contraste que ofrece la creta negra, se aprecia el tono de máxima oscuridad, el más luminoso, que pertenece a las zonas pintadas de blanco, y el tono medio, que corresponde al color del papel.

Con una goma borramos ligeramente el lápiz de grafito. Dejamos una línea tenue, lo justo para que se distinga el boceto. Con un lápiz de creta blanca dibujamos blanqueados degradados en los pliegues del mantel y el fondo y pintamos la mesa con un tono continuo y cubriente.

Con el lápiz de creta blanca, cubrimos con un grisado clásico en diagonal la zona de tono medio del mantel, dejando que respire el verde del fondo. Para conseguir trazos más largos y continuos y evitar que el sombreado quede entrecortado, cogemos el lápiz algo más arriba de lo habitual.

Con un lápiz de creta negra, sombreamos el fondo con un degradado desde el negro más intenso a la izquierda del cuadro, hasta el verde del papel a la derecha. Dejamos en blanco el espacio que ocupan los objetos.

Antes de empezar a sombrear con lápices de creta, debemos borrar los trazos de grafito, pues la creta resbala sobre él.

15.3

SOMBREADO DEL MANTEL Y DEL BODEGÓN. Intensificamos los contrastes de los degradados anteriores y difuminamos las sombras. Proyectamos éstas sobre la mesa, trabajamos los pliegues e indicamos las texturas de los objetos. Al contrario de lo que parece, esta fase no presenta mayor dificultad que las anteriores, aunque es necesario estudiar con mucha atención las sombras y las zonas de luz.

Ahora vamos a combinar en una misma zona el blanco y el negro. Cubrimos con sombreados de creta negra el pliegue del mantel y aplicamos un sombreado más suave en la parte que cuelga.

Fundimos ambos colores, con la yema de los dedos, para suavizar la transición de un tono al otro. En el pliegue iluminado el gris aparece más blanquecino, mientras que en el resto domina un tono más oscuro.

Sombreamos los objetos usando escasamente dos valores. Representamos la jarra y la copa con degradados y la botella de cristal con sombreados más suaves, para dar credibilidad al volumen, reservando franjas que nos ayudan a describir la textura lisa y los brillos.

Al fundir con los dedos los sombreados de creta negra y blanca, logramos un color gris de un cierto tono violeta. Con los difuminados suavizamos las transiciones de un color a otro.

Si difuminamos con la yema de los dedos, evitamos los trazos que deja el difumino, que resultan molestos para muchos artistas.

El fondo se compone de un degradado a base de grisados, en el cual todavía se perciben las líneas del lápiz. El color del papel desempeña un papel importante en la armonización del conjunto.

Para finalizar el dibujo, situamos unos pocos brillos sobre los objetos del bodegón. Se puede comprobar en el resultado final que el acentuado contraste entre el blanco y el negro sobre el papel verde realza los efectos de claroscuro, precisa mucho más las zonas de luz y crea sombras más profundas. Dibujado por Óscar Sanchís.

Las sombras proyectadas sobre el mantel son poco contrastadas, de un gris muy claro, lo justo para que puedan identificarse. Para trabajar en un espacio tan pequeño es necesario actuar con la punta de un difumino.

Los realces de luz deben ser muy sutiles. Si es necesario, pasamos el dedo por encima de los brillos para integrarlos en la superficie del objeto.

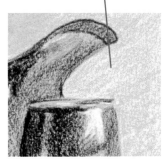

CONTRALUZ EN EL PAISAJE. El efecto de contraluz en un paisaje tiende a oscurecer el primer término, siluetear las formas e intensificar la luminosidad en el cielo. Los rayos de luz invaden el paisaje confundiendo los perfiles y creando degradados de luz que, como una veladura, vuelven difusos los accidentes de los acantilados.

16.1

SOMBREADO DE LOS TÉRMINOS. Antes de abordar el contraluz, sombreamos con sanguina los términos más cercanos del paisaje, y con creta de color bistre (un marrón más oscuro), los acantilados del fondo.

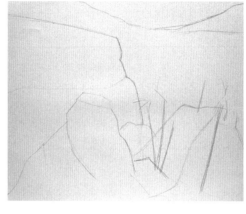

Separamos los principales planos del cuadro dibujando los perfiles de las rocas con un lápiz de grafito HB, sin atender a texturas, vegetación y detalles, pues lo vamos a cubrir todo con sombreados con creta.

Intensificamos los perfiles del saliente del primer término y los troncos de las palmeras con creta negra. Con creta de color bistre empezamos a oscurecer el terreno de la derecha y las rocas del acantilado, que representamos con una sucesión de líneas curvas y gruesas.

Si tenemos dificultad en algunos detalles del paisaje podemos ayudarnos de un dibujo previo. Bastan unos cuantos trazos que nos sirvan de pauta para extender los sombreados.

Para contrastar las hojas de la palmera del fondo, las pintamos con trazos intensos de sanguina, muy esquemáticamente.

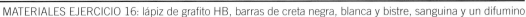

16.2

CONTRALUZ CON CRETA BLANCA. Para conseguir el efecto de contraluz en el paisaje, oscurecemos el fondo con nuevos sombreados. El cielo debe permanecer blanco y los trazos de creta blanca deben expandirse en forma de abanico, como una luz que invade el paisaje y que dificulta la visión de los perfiles de las rocas del último término.

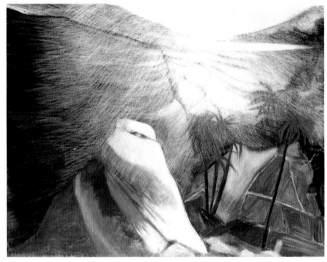

Con la barra de sanguina, sombreamos el saliente rocoso del primer término. La sanguina, al ser de un color cálido, resulta más apropiada para términos cercanos. En el resto del dibujo, dominan los sombreados oscuros.

Si difuminamos con la mano sombreados de bistre con los trazos negros del acantilado del fondo, conseguiremos un tono oscuro. El trabajo con un difumino y el efecto de modelado permiten representar correctamente el volumen de la roca del primer término.

Una vez hemos concluido el sombreado del paisaje, pintamos el cielo. Con una barra de creta blanca, extendemos una trama de trazos concéntricos que se van suavizando a medida que se alejan del cielo. La trama parte de un punto del cielo e invade todo el dibujo. Dibujado por Almudena Carreño.

Los trazos de creta representan los rayos de sol que invaden el paisaje. La intensidad de éstos debe decrecer a medida que se alejan de la fuente de luz, formando un degradado de blancos.

ESBOZOS CON BLANCO. Si utilizamos un papel de tono medio resulta un ejercicio interesante plantear esbozos con yeso, cretas o pasteles de color blanco. Manchando con el lateral de la barra, logramos atractivos estudios de luz.

Esbozo de un bodegón con un lápiz de color blanco. Las zonas en sombra se dejan del color del papel.

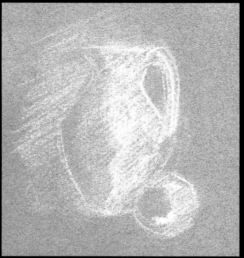

Con unas cuantas manchas realizadas con el lateral de una barra de creta conseguimos un boceto sintético de la incidencia de la luz.

DEGRADADOS DE LUZ. Del mismo modo que podemos degradar las sombras para que el modelo se muestre más volumétrico, también podemos, con el mismo fin, degradar la luz.

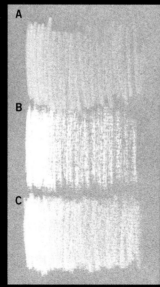

Tres degradados sobre fondo de color gris: lápiz blanco (A), barra de creta (B) y lápiz conté (C).

Paisaje urbano realizado íntegramente con lápiz conté. Se ha puesto en práctica el degradado de la luz.

REALCES Y VOLUMETRÍA. Los realces de luz suponen la presencia directa de la fuente de luz sobre los objetos, en forma de claros o reflejos de fuerte intensidad. Asimismo contribuyen a subrayar el volumen al oponerse fuertemente a las zonas sombreadas.

LUZ CON TRAZOS. Para recrear los rayos de luz que invaden la escena, podemos dibujar la luz con tramas de trazos paralelos inclinados.

Si incluimos la fuente de luz en el mismo bodegón, podemos dibujar los haces de luz con trazos radiales que tienen su centro en la lámpara.

CONTROLAR LA INTENSIDAD. La intensidad del blanco que se utiliza para realzar detalles o para representar luces, depende de la presión ejercida con la herramienta de dibujo. Un trazo de blanco intenso es muy difícil de borrar, en caso de error, por eso conviene ser prudente y no exagerar los brillos, sobre todo en las fases iniciales del trabajo.

PINTAR EL CIELO BLANCO. Algunos dibujantes especializados en paisaje suelen cubrir el cielo con una mancha de color blanco para dar mayor luminosidad al paisaje, realzar los contrastes y reafirmar el perfil del horizonte y de las copas de los árboles.

En este paisaje, se ha aplicado una capa de guache blanco en el cielo para resaltar el perfil de las montañas.

Aquí vemos dos tratamientos distintos de los realces realizados con creta: un bodegón con realces suaves (A) y otro con realces contrastados y contundentes (B).

LA TÉCNICA DEL BORRADO. Ahora, vamos a combinar en un mismo soporte el trabajo con grafito y la goma de borrar. Esta última se usa exactamente del mismo modo que un lápiz o cualquier otro medio de dibujo. En un dibujo hecho con sombras, se borran las zonas que deben ir iluminadas para recuperar el blanco del papel y conseguir vivos contrastes con respecto a las zonas adyacentes.

17.1

LÍNEAS Y CURVAS. Para dibujar escenarios arquitectónicos como éste, desplegamos rectas diagonales y curvas que sitúen cada una de las fachadas describiendo el efecto perspectivo de la calle.

Con una mina de grafito 2B poco afilada, trazamos las diagonales que definen la perspectiva de la calle. Con unas pocas líneas curvas, esbozamos el arco. No es necesario ser muy exhaustivo porque no pretendemos un dibujo muy realista.

Aseguramos el esquema esbozando el modelo con nuevos trazos más intensos. Podemos superponer varias líneas a la espera de escoger el trazo definitivo, porque estamos todavía en una fase de imprecisión.

En representaciones urbanas, es importante la dirección de los trazos. En este caso, la mayoría de rayas se dirige en perspectiva hacia el fondo.

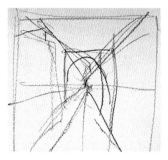

Es habitual entre los artistas profesionales superponer varias líneas para afianzar contornos cuando abocetan. Cuando el dibujo esté un poco más elaborado, seleccionaremos el trazo correcto y borraremos los demás.

17.2

EXTENDIENDO LOS TONOS MEDIOS. Para abrir blancos con la goma de borrar es necesario manchar la superficie del papel con sombreados realizados con el lado plano de una barra de grafito, que difuminamos con la mano. Así conseguimos que predomine un tono medio general que favorezca el contraste. El dibujo con goma de borrar está especialmente indicado cuando el tema presenta grandes contrastes de claroscuro.

Impregnamos de polvo de grafito un trozo de algodón y desplegamos un grisado tenue en la superficie del papel. Continuamos oscureciendo el papel con el lateral de una barra cuadrada de grafito.

Contrastamos los arcos del primer término con grisados clásicos, rápidos y nerviosos, algo imprecisos. Subrayamos la forma de los arcos con líneas gruesas e intensas. Difuminamos con la mano los sombreados a medida que los vamos añadiendo.

Intensificamos el trazo del grafito del primer y segundo término, logrando con ello un tono medio bastante intenso. El contraste es muy importante para solucionar los claros y los oscuros de cada zona. Los sombreados son poco precisos y apenas atienden a detalles o perfiles.

Cuanto más oscuro sea el tono de los sombreados, más contrastará con los blancos abiertos con la goma de borrar.

Con la barra de grafito ladeada se sombrea muy rápidamente.

17.3

EL EFECTO DE BORRADO. Es el momento de utilizar la goma de borrar como instrumento de dibujo. Recurrimos a ella para aclarar las zonas iluminadas, trabajar la calidad de la línea y el tono y efectuar realces de luz allí donde el dibujo presente un tono continuo.

Aclaramos las partes de menos luz, como el fondo de la callejuela, con un borrado parcial. Al pasar suavemente la goma por encima, el tono se difumina ligeramente. Utilizando con cuidado este efecto se pueden sugerir los tonos medios y oscuros.

Con la mina de grafito contrastamos la textura del suelo de la calle con tramas de diferentes intensidades. Dibujamos con líneas gruesas y sombreados el conjunto de casas del final de la calle.

Con el canto de la goma de borrar abrimos los blancos de las fachadas soleadas. Cuanto más presionemos con la goma o más repitamos el trazo, más intensos serán los blancos.

La goma se ensucia de pigmento y conviene limpiarla de vez en cuando. Para ello, basta con frotarla sobre un papel limpio.

La técnica del dibujo con goma de borrar funciona solamente sobre papel liso. En los papeles muy rugosos, la mina del lápiz suele penetrar en la fibra y hace muy difícil eliminar las marcas.

Dado que existen muchas formas de utilizar la goma, debemos diversificar su uso. Si la movemos siempre en la misma dirección, el dibujo ofrecerá un aspecto estático y plano. Conviene, pues, modificar el ángulo del trazo que hacemos con la goma, o bien cruzar los trazos de borrado.

Una vez ultimados los efectos de borrado, resolvemos con la punta afilada de la mina de grafito los detalles arquitectónicos de puertas, ventanas, farolas y juntas de las piedras del arco. Las puertas y ventanas aparecen fuertemente contrastadas. Dibujado por Esther Olivé de Puig.

Estas técnicas de borrado son muy útiles para crear ángulos de luz y brillos en zonas oscuras y áreas de tono.

Entre borrado y borrado, dejamos pequeños espacios con el sombreado anterior para recrear la textura rugosa de la pared.

ACLARADO CON CARBÓN Y CRETA. Efectuar un aclarado sobre un sombreado hecho con carbón o creta es relativamente sencillo. Basta con pasar sobre la superficie un trapo limpio o la yema de los dedos y retirar parte de la capa de pigmento.

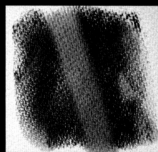
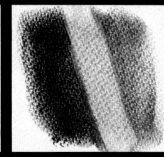

Podemos aclarar el carboncillo con una goma de borrar maleable.

Para suavizar los aclarados pasamos por encima una punta de un trapo de algodón.

BOCETOS CON ACLARADO. Para aprender a dibujar las luces es un buen ejercicio realizar bocetos aclarando un grisado con una goma de borrar. Así conseguimos breves estudios donde la incidencia de la luz nos permite identificar el contorno de los objetos.

ABRIR BLANCOS SOBRE CARBÓN. El método más efectivo para abrir blancos en el dibujo con carbón es utilizar una goma maleable, porque las partículas de pigmento pueden ser extraídas limpiamente del papel sin necesidad de frotar en exceso. Para borrar amplias zonas actuamos con la goma maleable formando una bola, para conseguir pequeños toques de luz, la modelamos en forma cónica y borramos con la punta.

La goma de borrar maleable es muy útil para efectuar aclarados cuando se trabaja con carboncillo o creta.

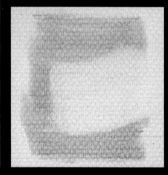
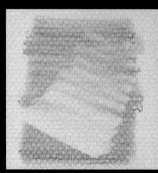

Boceto de una iglesia. Se han efectuado aclarados en la fachada y el cielo con una goma de borrar.

Aclarado uniforme con una goma de borrar sobre un sombreado de grafito.

Borrado en forma de degradado sobre un sombreado de grafito.

EL ACLARADO. Esta técnica consiste en retirar un poco de pigmento para descubrir el blanco del papel en algunas zonas o puntos determinados. Cuando se dibuja con carboncillo o creta, es un procedimiento habitual para introducir un punto de luz en un área de tono.

TRAMAS DE TRAZO CON GOMA. Sobre una zona previamente cubierta con un sombreado, podemos practicar una serie de tramas de trazos lineales con la punta de una goma de borrar o un lápiz de goma. Asimismo, podemos efectuar dibujos lineales con la goma sobre un fondo de un color difuminado.

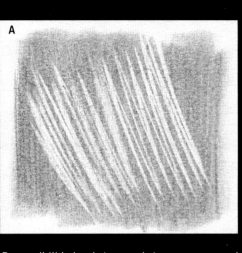
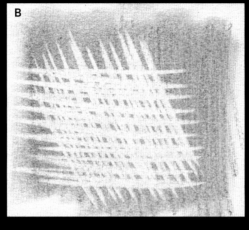

Dos posibilidades de tramas de trazos con goma de borrar: trama clásica (A) y trama de trazos cruzados (B).

DIFUMINADO CON LA GOMA. La goma de borrar no es sólo un instrumento para abrir blancos, también es un medio excelente para difuminar. Si hacemos una pasada uniforme con ella sobre un dibujo previamente sombreado, se unifica el conjunto con una serie de líneas que recuerdan el dibujo plumbeado.

Nota de paisaje. La textura de la vegetación se ha descrito con tramas de trazos realizados con una goma de borrar.

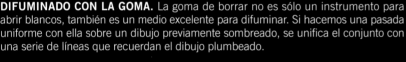

Si difuminamos con la goma de borrar un dibujo previamente realizado con tonos, conseguimos un efecto atmosférico con líneas muy pronunciadas.

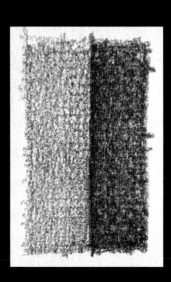
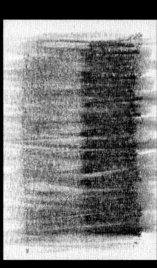

Efecto de difuminado realizado con la goma de borrar.

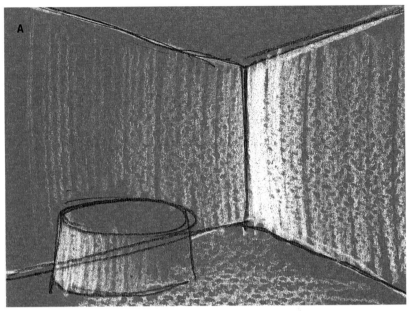

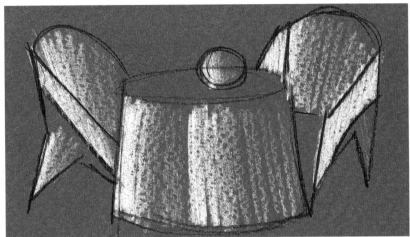

La forma de los objetos de la habitación debe entenderse como un conjunto de figuras geométricas simplificadas. Sobre este esquema, se pintan las luces efectuando degradados con el lápiz blanco.

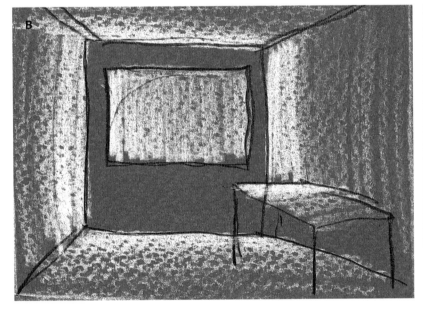

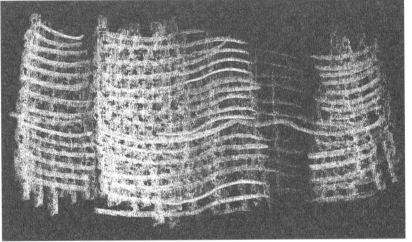

El artista resuelve la textura de los pliegues del mantel de la mesilla con tramas de trazos ondulados, que se superponen a los degradados que explican el volumen.

La clave de la representación del espacio interior de este dibujo radica en controlar el degradado que aplicamos sobre las paredes para explicar la procedencia de la luz y la amplitud del espacio. He aquí dos ejemplos, el primero (A) es similar al del dibujo, el segundo (B) representa una habitación iluminada por una ventana que se abre en la pared del fondo.

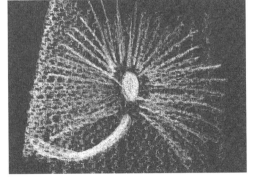

Fíjese que el efecto de la luz de las bombillas de la lámpara que pende del techo; se consigue superponiendo al blanqueado del fondo tramas de líneas radiales cuyo centro es la bombilla encendida. Otro ejemplo de la superposición del trazo a los sombreados preliminares.

INTERIOR CON LÁPIZ BLANCO. Las posibilidades de dibujar utilizando sólo un lápiz de color blanco sobre un papel de color neutro son muchas y es interesante explorarlas. Con la creta blanca sobre el papel de color, es posible conseguir una gama muy amplia. Los objetos toman forma gracias a la luz. No es necesario representar las sombras, ya que el color más oscuro es el del papel.

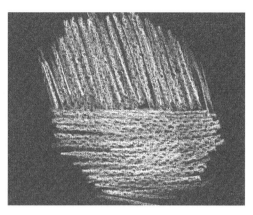

Cuando el artista encuentra difícil diferenciar dos zonas adyacentes que presentan un mismo tono de blanco, lo más apropiado es cambiar la dirección del trazo. Entonces la diferencia no se realiza por tono sino por contraste de trama.

El artista ha dado mayor relevancia al trazo y la trama sobre los degradados iniciales. Mientras los degradados son los causantes de conseguir la sensación espacial, los trazos detallan y explican las formas.

LAS LUCES CON BLANCO. Con una creta o un lápiz de color blanco se puede dibujar un modelo representando sólo las zonas de luz, dejando sin intervenir las sombras, que permanecerán del color del papel, preferiblemente de un tono medio. En estos dibujos no es necesaria la intervención de ningún lápiz o barra de color más oscuro.

DIBUJAR EN NEGATIVO. Si trabajamos con un papel blanco, lo normal es oscurecer las sombras y dejar en blanco las luces. Sin embargo, cuando se dibuja sobre un papel de color oscuro hay que trabajar al revés: aclarando progresivamente las luces con una creta o un pastel de tono claro. Dibujar así no es más fácil ni más difícil que hacerlo a la manera convencional, sólo hay que operar a la inversa.

El aclarado sobre un papel de color oscuro se lleva a cabo con blanco y recuerda la inversión de un degradado de grises.

En esta vista rural pintamos de blanco las zonas que reciben luz directa; el resultado es una representación convincente.

BLANCO Y NEGRO. Combinando sobre un soporte de color neutro (ocre o azul medio) el color blanco y el negro conseguimos resultados muy volumétricos que recuerdan el relieve marmóreo. En estos casos conviene cuidar los degradados de un color a otro y no propiciar contrastes violentos.

Para dibujar sobre un papel negro con blanco hay que pintar las luces como si se tratara del negativo de una fotografía.

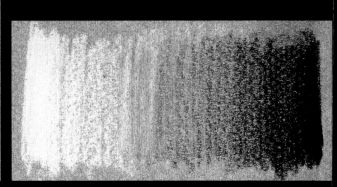

El degradado anterior incorporado en una forma cilíndrica para recrear el efecto de tridimensionalidad.

El degradado tonal del blanco al negro ofrece un gran contraste. Es apropiado para trabajos muy volumétricos.

DIBUJAR CON BLANCO. El color blanco se utiliza habitualmente en la fase de acabado, para realzar partes iluminadas de modelo, representar brillos o pintar la fuente de luz si ésta aparece en el encuadre del dibujo. También puede ser un medio dibujístico en sí mismo, que puede omitirse o complementarse con unos cuantos trazos realizados con un color oscuro.

EL BLANCO PROVIDENCIAL. Cuando dibujamos con carboncillo sobre papel de color la intervención del blanco puede ser providencial para hacer resurgir los contrastes, dar vida a un tema monótono, activar el tono expresivo del dibujo o realzar el efecto de volumen.

Al comparar estos dos dibujos comprobamos que la intervención con la creta blanca reactiva la expresividad gracias a un mayor contraste entre las zonas iluminadas y las sombreadas.

EVITAR EL EXCESO DE BLANCO. Cuando realzamos las luces de un modelo con creta blanca no debemos incurrir en el error de emborrachar los objetos, excesivamente, con este color. De lo contrario, perdemos la fuerza expresiva de los realces cuando se aplican correctamente, con mesura y en zonas muy puntuales.

Ejemplo de bodegón que muestra un exceso de blanqueado. Al cubrir casi por completo la superficie del objeto perdemos el efecto del realce y la sensación de volumen.